中华经典精粹解读

大学·中庸·孝经

王国轩 编著

图书在版编目（CIP）数据

大学·中庸·孝经/王国轩编著．—北京：中华书局，2012.4（2024.7重印）

（中华经典精粹解读）

ISBN 978-7-101-08479-5

Ⅰ．大… Ⅱ．王… Ⅲ．①儒家②大学-注释③中庸-注释④家庭道德-中国-古代⑤孝经-注释 Ⅳ．①B222.12②B823.1

中国版本图书馆CIP数据核字（2012）第276906号

书　　名	大学·中庸·孝经
编 著 者	王国轩
丛 书 名	中华经典精粹解读
文字编辑	董慧洁
责任编辑	胡香玉
责任印制	陈丽娜
出版发行	中华书局 （北京市丰台区太平桥西里38号　100073） http：//www.zhbc.com.cn E-mail：zhbc@zhbc.com.cn
印　　刷	天津画中画印刷有限公司
版　　次	2012年4月第1版 2024年7月第5次印刷
规　　格	开本/880×1230毫米　1/32 印张6¾　插页1　字数80千字
印　　数	28001-31000
国际书号	ISBN 978-7-101-08479-5
定　　价	45.00元

出版说明

在快节奏的现代生活中，如何在有限的时间里读到中国传统文化中最经典的著作？怎样才能尽快领略到经典的核心要义，减少在茫茫书海中不得要领的辛苦？"中华经典精粹解读"丛书正是为适应当代读者需求而特别编写的国学经典普及丛书。

丛书"精粹"二字体现在两个方面：一是所选典籍均为中国传统文化中最具代表性的著作，二是所选文段均为经典中的精华部分。

原文后附"扩展阅读"，是参照原文选段，从其他经典著作中选摘出的内容、思想与本段相关的语段，以使读者获得比较阅读的乐趣，视野得以开阔，思路得以拓宽，从而更加全面深入地理解选文。

段末"点评"，是在充分尊重前人思想成果的基础上，从当代人的视角出发，对文段精髓加以讨论解读，以唤起读者更多的思索和体悟。

原文选段及扩展阅读选段之后，辅以侧重语词解释的注释和串讲文意的译文，不作繁琐考证，以助理解；生僻字词均加注汉语拼音，以利诵读。

本套丛书选用中华书局出版的权威版本作为底本，由富有研究成果的专家学者协力遴选篇章、撰写导言及点评，在此对专家学者们"撷取务精、注释务准"的专业精神表示由衷谢意。

藉由此书，我们愿为古典文学爱好者以及有兴趣了解经典的读者奉上可参考的常备读本。希望我们的努力可以为传统经典贴近当代读者、当代读者走近传统经典助力。

中华书局编辑部
2012 年 4 月

目 录

大 学

前言 …………………………………………………………… 2
第一章 ………………………………………………………… 4
第二章 ………………………………………………………… 9
第三章 ………………………………………………………… 11
第四章 ………………………………………………………… 13
第五章 ………………………………………………………… 18
第六章 ………………………………………………………… 20
第七章 ………………………………………………………… 24
第八章 ………………………………………………………… 28
第九章 ………………………………………………………… 31
第十章 ………………………………………………………… 34
第十一章 ……………………………………………………… 39

中 庸

前言 …………………………………………………………… 50
第一章 ………………………………………………………… 53
第二章 ………………………………………………………… 57
第三章 ………………………………………………………… 59
第四章 ………………………………………………………… 61
第五章 ………………………………………………………… 64
第六章 ………………………………………………………… 66
第七章 ………………………………………………………… 68

第八章	70
第九章	72
第十章	74
第十一章	77
第十二章	80
第十三章	83
第十四章	86
第十五章	90
第十六章	93
第十七章	96
第十八章	99
第十九章	102
第二十章	105
第二十一章	115
第二十二章	117
第二十三章	119
第二十四章	121
第二十五章	123
第二十六章	125
第二十七章	130
第二十八章	134
第二十九章	137
第三十章	141
第三十一章	144
第三十二章	147
第三十三章	150

孝 经

前言	156
开宗明义章第一	160

天子章第二……………………………………… 164

诸侯章第三……………………………………… 166

卿大夫章第四…………………………………… 169

士章第五………………………………………… 172

庶人章第六……………………………………… 174

三才章第七……………………………………… 176

孝治章第八……………………………………… 179

圣治章第九……………………………………… 182

纪孝行章第十…………………………………… 187

五刑章第十一…………………………………… 190

广要道章第十二………………………………… 192

广至德章第十三………………………………… 194

广扬名章第十四………………………………… 196

谏诤章第十五…………………………………… 199

感应章第十六…………………………………… 202

事君章第十七…………………………………… 204

丧亲章第十八…………………………………… 206

大学

前　言

　　《大学》是中国古代典籍名篇之一,原是《礼记》中的一篇,在唐以前并没引起人们的特别关注。至唐代,韩愈等引用《大学》,开始为人所注目。到宋代,理学创始人程颢、程颐非常重视《大学》,称之为:"孔氏之遗书,而初学入德之门也。"南宋理学集大成者朱熹说:"河南程氏两夫子出,而有以接乎孟氏之传。实始尊信此篇而表章之,既又为之次其简编,发其归趣,然后古者大学教人之法、圣经贤传之指,粲然复明于世。"后来朱熹又在二程基础上,重新别为次序,分经一章、传十章,并认为"格物致知"章已缺失,作了著名的《补传》。朱熹对《大学》的解释,是一种重新阐释,换言之,是从理学角度作的新解,充分体现了心性之学,使《大学》升华为哲学。从此理学不仅接续道统之传,还有了自己的纲领、规模和节次。

　　朱熹说,《大学》是"外有以极其规模之大,而内有以尽其节目之详者也"。规模:"明明德""新民""止于至善",朱熹称之为"三纲领";节目:格物、致知、诚意、正心,修身、齐家、治国、平天下,朱熹称之为"八条目"。朱熹认为"古人为学次第者,独赖此篇之存"。一个"独"字,充分说明了本篇文献的重要性。由于朱熹把《大学》纳入《四书集注》之中,后来宋理宗时,理学名臣真德秀更作《大学衍义》,向皇帝进讲《大学》,《大学》成了政治读物。到元代文化转型期,《四书集注》成为各级学校必读书,士子求取功名利禄的考试书,整整五百九十二年,读书人昼夜攻读,不仅《大学》本文烂熟于心,就是《章句》也牢牢铭记。

　　但不是人人都固守朱注,反对朱注者也不乏其人。如明代王阳明就不赞成朱熹改正《大学》,而是持守古本,不是像朱熹那样突出格物穷理,而是注重诚意。王学在明代中后期成为学术界主导思潮,王门弟子遍布大江南北。但朱学也不乏传人,科举仍以《四书章句集注》为圭臬,因此,王学仍为民间之学。

清代考证学兴起,许多人摆脱理学,崇尚汉学,对《四书》有许多新解,更倾向古籍本义,但《大学》,特别是《中庸》,朱注还无法被取代。

到近代,孙中山先生表彰《大学》。他赞赏《大学》中的格物、致知、诚意、正心、修身、齐家、治国、平天下的修养目标和修养方法,认为这些都是"应该要保存"的中国的"独有宝贝"。以《大学》为规模和节次的中华文明的影响,由此可见一斑。

关于《大学》的作者,《礼记》并无说明,朱熹认为首章"经"是"孔子之言,而曾子述之","其传十章,则曾子之意,而门人记之"。朱熹认为《大学》大体为曾子思想,但此书可能为曾子后学所写定。

曾子(前505—前435)名参,字子舆,孔子著名弟子,春秋鲁国南武城人。其事迹及言论见于《论语》。《汉书·艺文志》著录《曾子》十八篇,已遗失。《大戴礼记》中有《曾子》十篇,但无《大学》。

这次应邀对《大学》译注,是在过去的整理本上,增加了"扩展阅读"拓展部分,大多和朱熹注释有关,从而使读者更能加强对本书译注、评论的理解。不当之处,间或有之,敬祈指正。

第一章

这是本书的总纲。

【名句】

大学之道,在明明德,在亲民,在止于至善。

大学之道①,在明明德②,在亲民③,在止于至善④。知止而后有定⑤,定而后能静,静而后能安,安而后能虑,虑而后能得⑥。物有本末⑦,事有终始,知所先后,则近道矣。

【注释】
① 大学：相对于小学而言的"大人之学"。古代八岁入小学，学习"洒扫应对进退、礼乐射御书数"等文化基础知识和礼节；十五岁入大学，学习"穷理正心，修己治人"的学问。
② 明明德：前一个"明"字作使动词用，即"使彰明"，也就是发扬、弘扬的意思。后一个"明"字是形容词，明德就是光明正大的德性。
③ 亲民：程颐说"亲"当作"新"，即革新、自新。新民，使人弃旧图新、去恶从善。
④ 至善：最完善的境界。
⑤ 知止：知道目的地。
⑥ 定、静、安、虑、得：是讲了心里的认识、完善过程，是儒家心性修养的重要途径，后人对此讨论很多。
⑦ 本末：本是根，末是梢，即根本与枝末。这是古代重要的哲学概念。

【译文】
　　大学的宗旨，在于弘扬光明正大的品德，在于使人弃旧向新，在于使人的道德达到最完善的境界。知道应达到的境界才能够志向坚定，志向坚定才能够沉静，沉静才能够心神安定，心神安定才能够思虑详审，思虑详审才能够有所收获。每样东西都有根本有枝末，每件事情都有开始有终结，知道了这本末始终的程序，就接近事物发展的规律了。

　　古之欲明明德于天下者，先治其国；欲治其国者，先齐其家①；欲齐其家者，先修其身②；欲修其身者，先正其心；欲正其心者，先诚其意；欲诚其意者，先致其知③；致知在格物④。

【注释】
①齐其家:治理好自己的家庭或家族。
②修其身:修养自身的品性。
③致其知:使自己获得知识。
④格物:认识、研究万事万物的道理。

【译文】
　　古代那些想要在天下弘扬光明正大品德的人,先要治理好自己的国家;要想治理好自己的国家,先要管理好自己的家庭和家族;要想管理好自己的家庭和家族,先要修养自身的品性;要想修养自身的品性,先要端正自己的心思;要想端正自己的心思,先要使自己的意念真诚;要想使自己的意念真诚,先要使自己获得知识;获得知识的途径在于认识、研究万事万物的道理。

　　物格而后知至,知至而后意诚,意诚而后心正,心正而后身修,身修而后家齐,家齐而后国治,国治而后天下平。

【译文】
　　通过对万事万物道理的认识、研究后,才能获得知识;获得知识后,意念才能真诚;意念真诚后,心思才能端正;心思端正后,才能修养品性;品性修养后,才能管理好家庭和家族;管理好家庭和家族后,才能治理好国家;治理好国家后,天下才能太平。

　　自天子以至于庶人①,壹是皆以修身为本②。其本乱,而末治者否矣。其所厚者薄③,而其所薄者厚④,未之有也。

【注释】
①庶(shù)人：指平民百姓。
②壹是：都是。 本：根本。
③其所厚者薄：当重视的不重视。
④薄者厚：不该重视的反加以重视。

【译文】
　　上自一国君主，下至平民百姓，人人都要以修养品性为根本。若这个根本被扰乱了，家庭、家族、国家、天下要治理好是不可能的。如果不分先后、轻重、缓急，本末倒置，将应该重视的事情忽略了，应忽略的事情却重视起来，想要达到治国、平天下的目的，这也是从来没有的事。

扩展阅读

初学入德之门

　　子程子曰①："《大学》，孔氏之遗书，而初学入德之门也。"于今可见古人为学次第者，独赖此篇之存②，而《论》《孟》次之。学者必由是而学焉，则庶乎其不差矣。

（〔南宋〕朱熹《四书集注》）

【注释】
①子程子：子是尊称，程子指北宋理学家程颐。
②独赖：只依赖。

【译文】
　　子程子说："《大学》，是孔子的遗书，是初学者入德之门。"如今能见古人为学次第的,独赖此篇之存了,而《论语》《孟子》排在后面。学者必由此而努力学习,就差不多不会有差错了。

点 评

以上朱本称"经一章"。明明德、新民、止于至善,就是朱熹所说的"三纲领"。格物、致知、诚意、正心,修身、齐家、治国、平天下就是朱熹所说的"八条目"。以上被朱熹称为《经》。《大学》的特点是有纲领,有条目,有规模,有节次。纲领引领全文,条目是细化的具体内容。纲举而目张,有很强的可操作性。规模是个大间架,好像一座大房子,节次就像里面的许多房间。进入房子必须有门,依次而入,不能超越。大的方向是焕发整个社会注重弘扬光明正大的德行,使人们弃恶从善,使人人都达到完美的道德境界。所以要从自己开始,格物穷理,正心诚意,修身齐家,最后达到治国平天下的目的。

第二章

这章讲明明德,要求自明。

【名句】

克明峻德。

《康诰》曰①:"克明德②。"《大甲》曰③:"顾諟天之明命④。"《帝典》曰⑤:"克明峻德⑥。"皆自明也。

【注释】

①《康诰(gào)》:《尚书·周书》中的一篇。
②克:能够。
③《大甲》:即《太甲》,《尚书·商书》中的一篇。
④顾:顾念。 諟(shì):是。 明命:光明的德性。
⑤《帝典》:即《尧典》,《尚书·虞书》中的一篇。
⑥克明峻德:原句为"克明俊德"。俊与"峻"通,大,崇高。

【译文】

《尚书·康诰》说:"能够弘扬光明的品德。"《尚书·太甲》说:"顾念上天赋予的光明德性。"《尚书·尧典》说:"能够弘扬崇高的品德。"这些话都是说要自己弘扬光明的品德。

扩展阅读

自明己德

结所引书①,皆言自明己德之意。

([南宋]朱熹《四书集注》)

【注释】
①结:总结。

【译文】
总结所引之书,都说的是自己要明自己的德。

点 评

本章朱本称"传之首章,释明明德"。此章以下均被朱熹称为《传》。旧本此段文字在《诚意章》"此以没世不忘"句下,程颐、朱熹等移于此,和"明明德"正好相对应,很有道理。以上就是朱熹所说的"杂引经传"来说明"明明德"。

第三章

这章是说新民,强调达到极点。

【名句】

苟日新,日日新,又日新。

汤之《盘铭》曰①:"苟日新②,日日新,又日新。"《康诰》曰:"作新民③。"《诗》曰④:"周虽旧邦⑤,其命惟新⑥。"是故君子无所不用其极⑦。

【注释】

①汤:即成汤,商朝的开国君主。 《盘铭》:刻在器皿上用来警戒自己的箴言。盘,这里指商汤的洗澡用具。
②苟:如果。 新:本义是指沐浴除去身体上的污垢,使身体焕然一新。引申义则是指心理道德上焕发新的面貌。
③作:振作,激励。 新民:可证前面说的"亲民"当作为"新民"说。意思就是使人去旧从新,振作自新。
④《诗》曰:此指《诗经·大雅·文王》篇。
⑤周:周朝。 旧邦:旧国。
⑥其命:指周朝所禀受的天命。 惟新:革新。
⑦是故:所以。 君子:品德高尚的人。 无所不用其极:这里不是指不择手段,而是指道德的高度自我完善。

【译文】

　　成汤刻在澡盆上的箴言说:"如果能够做到一天新,就应保持天天新,新了还要更新。"《尚书·康诰》说:"激励人们焕发新的风貌。"《诗经·大雅·文王》说:"周朝虽然是旧的国家,但却禀受了新的天命。"所以,有品德的人无时不追求最完善的道德境界。

扩展阅读

日日新之

　　汤以人之洗濯其心以去恶,如沐浴其身以去垢,故铭其盘①。言诚能一日有以涤其旧染之污而自新,则当因其已新者,而日日新之,又日新之,不可略有间断也。

([南宋]朱熹《四书集注》)

【注释】

①铭:为文刻于器物之上,使传于后世或用于自警。

【译文】

　　汤以人们洗濯其心以去其恶,比喻沐浴其身以去其垢,所以作盘铭。是说如能一日洗涤其旧有的污染而能自新,则当因其已经新的地方而日日使其新,不停地自新,不可有一点间断。

点 评

　　朱本称此章为"传之二章",此章旧本在《诚意章》"皆自明也"下。也是"杂引经传"说明"新民",即焕发君王和民众的道德精神。

第四章

这是讲知止,强调止于至善。

【名句】

如切如磋,如琢如磨。

《诗》云①:"邦畿千里②,惟民所止③。"《诗》云④:"缗蛮黄鸟⑤,止于丘隅⑥。"子曰:"于止⑦,知其所止,可以人而不如鸟乎⑧!"《诗》云⑨:"穆穆文王⑩,於缉熙敬止⑪!"为人君,止于仁;为人臣,止于敬;为人子,止于孝;为人父,止于慈;与国人交,止于信。

【注释】

①《诗》云:此指《诗经·商颂·玄鸟》篇。
②邦畿(jī):古代天子都城及其周围的郊区。
③止:居住的地方。
④《诗》云:此指《诗经·小雅·绵蛮》篇。
⑤缗(mín)蛮:即绵蛮,鸟鸣声。
⑥止:栖息。 丘隅:山丘的一个角落。
⑦于止:对于居住的地方。
⑧可以:何以,为什么。
⑨《诗》云:此指《诗经·大雅·文王》篇。

⑩穆穆：形容文王仪表深沉端庄，道德深远的样子。
⑪於（wū）：感叹词。　缉：继续。　熙：光明。　敬止：朱熹解为："言其无不敬而安所止也。"

【译文】

　　《诗经·商颂·玄鸟》说："天子的都城方圆千里，都是老百姓居住的地方。"《诗经·小雅·绵蛮》说："绵绵蛮蛮叫着的黄鸟，栖息在山丘的一角。"孔子说："就居止的地方来说，连黄鸟都知道它该栖息在什么地方，怎么人却不如鸟儿呢？"《诗经·大雅·文王》说："深沉端庄道德高尚的文王啊，不断地发扬他的光明美德，做事始终庄重谨慎。"做国君的，要做到仁爱；做臣子的，要做到恭敬；做子女的，要做到孝顺；做父亲的，要做到慈爱；与他人交往，要做到讲信用。

《诗》云①:"瞻彼淇澳②,菉竹猗猗③。有斐君子④,如切如磋⑤,如琢如磨⑥。瑟兮僴兮⑦,赫兮喧兮⑧。有斐君子,终不可谖兮⑨。"如切如磋者,道学也⑩;如琢如磨者,自修也;瑟兮僴兮者,恂慄也⑪;赫兮喧兮者,威仪也;有斐君子,终不可谖兮者,道盛德至善,民之不能忘也。

【注释】

①《诗》云:此指《诗经·卫风·淇澳》篇。
②淇:指淇水,在今河南北部。 澳(ào):水边。
③菉:同"绿"。 猗猗(yī):美丽茂盛。
④斐:文质彬彬的样子。
⑤如切如磋:如同对骨角进行切割磋光一样。
⑥如琢如磨:如同对玉石进行雕琢打磨一样。
⑦瑟兮僴(xiàn)兮:严谨宽大的样子。瑟,严谨。僴,宽大。
⑧赫兮喧兮:光明煊赫的样子。
⑨谖(xuān):忘记。
⑩道:说,言。
⑪恂慄(xún lì):戒惧的样子。

【译文】

《诗经·卫风·淇澳》说:"看那淇水弯弯的岸边,嫩绿的竹子郁郁葱葱。有一位文质彬彬的君子,研究学问如加工骨器,不断切磋;修炼自己如打磨美玉,反复琢磨。他是那样严谨,胸怀宽大,是那样的光明煊赫。这样一个文质彬彬的君子,真是令人难以忘怀啊!"这里所说的"如加工骨器,不断切磋",是指做学问的态度;这里所说的"如打磨美玉,反复琢磨",是指自我修炼的精神;说他"严谨宽大"，是指他内心谨慎而有所戒惧；说他"光明煊赫"，是指他仪表堂堂；说"这样一个文质彬彬的君子，真是令人难以忘怀啊"，是指由于他品德非常高尚，达到了最完善的境界，所以使人难以忘怀。

《诗》云①："於戏②！前王不忘③。"君子贤其贤而亲其亲，小人乐其乐而利其利，此以没世不忘也④。

【注释】
①《诗》云：此指《诗经·周颂·烈文》篇。
②於戏（wū hū）：同"呜呼"，叹词。
③前王：指周文王、周武王。
④此以：因此。 没世：去世。

【译文】
《诗经·周颂·烈文》说："啊，前代的君王真使人难忘啊！"这是因为君子们能够以前代的君王为榜样，尊重贤人，亲近亲人，一般平民百姓也都蒙受恩泽，享受安乐，获得利益。所以，虽然前代君王已经去世，但人们还是永远不会忘记他们。

扩展阅读

止于至善

此言前王所以新民者，止于至善，能使天下后世无一物不得其所，所以既没世而人思慕之①，愈久而不忘也。

（〔南宋〕朱熹《四书集注》）

【注释】

①思慕：思念，爱慕。

【译文】

这里是说前代王者能使民众自新达到最高的善境，能使天下后世万物都得其所，所以即使离世后人们还思念他，这种思念愈久远愈难忘。

点 评

朱本称此章为"传之三章，释止于至善"。旧本"《诗》云邦畿千里"至"与国人交止于信"一段，在"是故君子无所不用其极"后。"《诗》云瞻彼淇澳"至"此以没世不忘也"一段，在"故君子必诚其意"后。这是引经传和孔子的话说明"止于至善"。从物各有当止之处，到人当有当止之处，再到圣人当止之处，所有当止之处，都应是至善。具体说来，从三个方面指出相互责任关系：即君要仁，要有仁爱之心。而臣相对应的是敬，尊重和严肃。父的品德要求是慈，要有慈爱之心。而儿子对应的是孝，对父母孝顺。民众彼此要讲求信，做到彼此诚信。这些品德都需要学习、自修、振作、发扬、磨砺，通过这些功夫，达到盛德至善的境界，使整个社会各得其所。

第五章

这是讲知本,用审案说明。

【名句】

此谓知本。

子曰①:"听讼②,吾犹人也③,必也使无讼乎!"无情者不得尽其辞④,大畏民志⑤,此谓知本⑥。

【注释】

①子曰:子指孔子。这段话见《论语·颜渊》篇。
②听讼(sòng):听诉讼,审案。
③犹人:同别人一样。犹,如同。
④情:实。 不得尽其辞:不能够巧言辩说。
⑤民志:民心,人心。
⑥知本:知道本末次序。

【译文】

孔子说:"审理案子,我也和别人有一样的想法,一定要使人们不再争讼。"圣人使隐瞒真实情况的人不敢狡辩,使人心畏服,这就是知道根本。

扩展阅读

知 本

引夫子之言,而言圣人能使无实之人不敢尽其虚诞之辞①。盖我之明德既明,自然有以畏服民之心志,故讼不待听而自无也。观于此言,可以知本末之先后矣。

([南宋]朱熹《四书集注》)

【注释】
①无实之人:不诚实的人。

【译文】
这里引孔子的话,是说圣人能使不实在的人不敢说虚伪荒诞的话。大概是我的光明的道德已经明照,自然就有了让民畏服的心志,所以无须听讼,讼事也就没有了。看此言,就可以知本末先后了。

点 评

朱本称此章为"传之五章,释知本"。旧本在"止于信下",朱熹移于此。此章征引孔子的话,说明只要我有光明正大的德行,自然民心就会畏服,故讼狱不待听断,自然就没了。看这句话,就知道本末先后次序了。

第六章

这是朱熹补传。强调格物穷理。

【名句】

此谓知之至也。

此谓知本①。此谓知之至也②。(所谓致知在格物者③,言欲致吾之知,在即物而穷其理也④。盖人心之灵莫不有知,而天下之物莫不有理,惟于理有未穷⑤,故其知有不尽也。是以《大学》始教,必使学者即凡天下之物,莫不因其已知之理而益穷之⑥,以求至乎其极。至于用力之久,而一旦豁然贯通焉,则众物之表里精粗无不到,而吾心之全体大用无不明矣。此谓物格,此谓知之至也。)

【注释】

①此谓知本:程颐、朱熹都认为此句是衍文。因和上句重复。
②此谓知之至也:朱熹认为:此句上有阙文,此句只是结语。于是取程颐之意作补传。

③括号内就是朱熹的补传。
④即：接近，接触。 穷：穷究，彻底研究。
⑤未穷：未穷尽，未彻底。
⑥益：更加。

【译文】

　　所说的要想获得知识，就必须认识、研究事物，是指要想获得知识，就必须接触事物而彻底穷尽它的道理。大概人的心都是灵动的，都具有认知能力，而天下事物都有一定的道理，只不过因为这些道理还没有被彻底认识，所以使人的知识很有限。因此，《大学》一开始就教人接触天下万事万物，用自己已有的知识去进一步探究，以彻底认识万事万物的道理。经过长期用功，总有一天会豁然贯通，到那时，万事万物的里外精粗都被认识得清清楚楚，而自己内心的一切道理都得到呈现，再也没有蔽塞。这就叫万事万物被认识、研究了，这就叫知识达到顶点了。

扩展阅读

知 虎

夫人之性，本无不善，循理而行，宜无难者。惟其知之不至，而但欲以力为之，是以苦其难而不知其乐耳。知之而至，则循理为乐，不循理为不乐，何苦而不循理以害吾乐耶？昔尝见有谈虎伤人者，众莫不闻，而其间一人神色独变。问其所以①，乃尝伤于虎者也②。夫虎能伤人，人孰不知？然闻之有惧有不惧者，知之有真有不真也。学者之知道，必如此人之知虎，然后为至耳。

（〔南宋〕朱熹《四书集注》）

【注释】
①所以：原因。
②尝：曾经。

【译文】
　　说起人的性来，本来没有不善的，按道理行事，也是没有困难的。但只要他知识不到位，只是想用力气来做，就会感到困难，觉得痛苦，而不知道乐趣在哪里。如果对一个道理了解很透彻，按理去做，就会快乐，不按理去做，就会心里不安，不会感到快乐，何苦不按理行事来害我快乐呢？从前曾见有谈虎伤人的，众人都听到了，而其间有一人神色独变。问其原因，是他曾经被虎咬伤过。虎能伤人，谁不知道呢？但听说虎伤人的事有怕有不怕的，这是因为了解虎伤之苦有真切的有不真切的。学者了解道，一定要像被虎伤者那样真切，然后才能说已经达到高度了。

点 评

朱熹称此章为"传之五章,释格物致知之义"。因阙失作补传。补传反映了朱熹的完整认识论。朱熹讲的理,包括物理,但主要内涵是仁义礼智四德。"明德"的内涵也是此四德。这同《大学》本意已有不同。《大学》更强调认识外部事物,而朱熹更是要焕发内心固有的道德意识。

第七章

这是讲诚意。强调慎独。

【名句】

此谓诚于中,形于外,故君子必慎其独也。

所谓诚其意者①:毋自欺也②。如恶恶臭③,如好好色④,此之谓自谦⑤。故君子必慎其独也⑥!小人闲居为不善⑦,无所不至,见君子而后厌然⑧,掩其不善⑨,而著其善⑩。人之视己,如见其肺肝然,则何益矣。此谓诚于中⑪,形于外,故君子必慎其独也。曾子曰⑫:"十目所视,十手所指,其严乎!"富润屋⑬,德润身⑭,心广体胖⑮。故君子必诚其意。

【注释】

①诚其意者:使意念真实无妄。
②毋:不要。
③恶(wù)恶(è)臭(xiù):厌恶腐臭的气味。臭,气味。
④好(hào)好(hǎo)色:喜爱美丽的女子。

⑤谦：通"慊（qiè）"，满足。
⑥慎其独：一个人独处独知时也谨慎不苟。
⑦闲居：即独处。
⑧厌然：掩藏、躲闪的样子。
⑨掩：遮盖。
⑩著：显示。
⑪中：指内心。
⑫曾子：孔子弟子，名参，字子舆。
⑬润屋：修饰房屋。
⑭润身：修养自身。
⑮心广体胖（pán）：心胸宽广，身体安适舒泰。朱熹注："胖，安舒也。"这里采用朱注。

【译文】
　　所谓使意念真诚，是说不要自己欺骗自己。要像厌恶恶臭的气味一样，要像喜爱美色一样，一切都发自内心的真实，这样才能使自己心满意足。所以，君子哪怕是在一个人独处独知的时候，也一定要谨慎。小人在平时为非作歹，做尽坏事，及至见到君子便遮遮掩掩，掩盖自己的邪恶行径，而显示其如何善良。殊不知，别人看自己，就像看见自己的心肺肝脏的样子，掩盖有什么益处呢？这就是说内心的真实总要表现到外面的，所以，君子哪怕是在一个人独处独知的时候，也一定要谨慎。曾子说："十只眼睛看着你，十只手指点着你，这是多么可怕啊！"财富能润饰房屋，道德却可以润饰身心，心胸宽广，而身体自然安适舒泰。所以，君子一定要使自己的意念真诚。

扩展阅读

快足于己

独者，人所不知而己所独知之地也。言欲自修者知为善以去其恶，则当实用其力，而禁止其自欺。使其恶恶则如恶恶臭，好善则如好好色，皆务决去而求必得之，以自快足于己①，不可徒苟且以徇外而为人也②。然其实与不实，盖有他人所不及知而己独知之者，故必谨之于此，以审其几焉。

（〔南宋〕朱熹《四书集注》）

【注释】

①快足于己：使自己快乐满足。
②徒：只是。　徇：依照，顺着。　外：外部事物。

【译文】

独这个概念，是指别人所不知道而自己独自知道的事物。目的是使想要自我修身的人知道为善而去恶，则应当实实在在的用力，而禁止其自己欺骗自己。假使憎恶就如憎恶恶臭一样，好善就如喜好美色一样，都要把坏的东西丢弃，把好的美德求得，以使自己快乐，不可只是考虑外界的看法而为他人做样子。然而实在还是不实在，还是有他人所不知而自己独自知道的地方，所以对此必须谨慎，对极其微细处都要审查。

点　评

本章朱熹称之"传之六章，释诚意"。此章是古人讨论最多的一章。朱熹认为诚意是"自修之首""进德之基"。"意"是心里最初发出的念头,道德修养第一个念头就要真实,否则一伪百伪。真实念头自自然然,心安理得,很满足,很快乐。所以君子要慎独。独有二义,一是独处,无人看你,要谨慎自己行为。二是独知,你的念头,大庭广众之中,别人也不知道,而自己知道,这更需要谨慎。正是《大学》提出了"慎独"这个概念,宋明以后思想家都讨论它,有的人还以它为学术宗旨。在本章中,还第一次引用曾子,曾子学术以孝与敬慎为宗,这大概是朱熹以为此篇为曾子所作的理由之一。我倒觉得由此可证明《大学》的作者可能晚于曾子。

第八章

这是讲正心。说明心不正的几种情况。

【名句】

　　心不在焉，视而不见，听而不闻，食而不知其味。此谓修身在正其心。

　　所谓修身在正其心者，身有所忿懥①，则不得其正；有所恐惧，则不得其正；有所好乐，则不得其正；有所忧患，则不得其正。心不在焉，视而不见，听而不闻，食而不知其味。此谓修身在正其心。

【注释】

①身：程颐认为当作"心"，译文采用程氏说法。　忿懥（zhì）：愤怒。

【译文】

　　所谓修身在于先端正自心，是因为自心有愤怒，就不能够端正；心有恐惧，就不能够端正；心有偏好，就不能够端正；心有忧虑，就不能够端正。心思被不端正念头所困扰，就会心不在焉：虽然在看，但却看不明了；虽然在听，但却像没有听见一样；虽然在吃东西，但却不知道食物的滋味。这就是说，修身必须要先端正自心。

扩展阅读

此心常存

盖是四者①，皆心之用，而人所不能无者。然一有之而不能察，则欲动情胜，而其用之所行，或不能不失其正矣。心有不存②，则无以检其身③，是以君子必察乎此，而敬以直之，然后此心常存而身无不修也。

（〔南宋〕朱熹《四书集注》）

【注释】
①四者：指忿懥、恐惧、好乐、忧患。
②不存：指不存善心。
③检：约束。

【译文】
　　说来这四项，都是心的作用，是人所不能没有的。但有了而不能明察，则会欲望张扬情感过盛，如果用在行动上，或许心就不能不失其正。心有不善，则没法约束自己的行为，所以君子必明察于此，而用严肃的态度敬守着它，然后此心就会经常专注而行为没有不得到修养的。

点 评

本章朱熹称之为"传之七章，释正心修身"。大意是：开始的念头真实无妄了，但身心情志还要磨练，因"心"比"意"更宽泛，所以才叫"正心"。正心有许多方面，如理想、气质、认知、情感等都属于心的范围，但这里特别突出情感和认知，愤怒会使人偏激，恐惧会使人胆怯，过分的喜好会使自己偏离正道，不端正这些情志，思想恍惚不专一，那就无法认知事物了。总之把握好情志，执一无适，聚精会神是正心的关键。

第九章

这是讲修身,要知好知恶。

【名句】

故好而知其恶,恶而知其美者,天下鲜矣!

所谓齐其家在修其身者,人之其所亲爱而辟焉①,之其所贱恶而辟焉②,之其所畏敬而辟焉,之其所哀矜而辟焉③,之其所敖惰而辟焉④。故好而知其恶⑤,恶而知其美者,天下鲜矣⑥!故谚有之曰⑦:"人莫知其子之恶,莫知其苗之硕⑧。"此谓身不修不可以齐其家。

【注释】

①之:这里相当"于",即"对于"。 辟:通"僻",偏颇,偏向。
②恶(wù):厌恶。
③哀矜(jīn):同情,怜悯。
④敖:通"傲",骄傲。 惰:怠慢。
⑤好(hào):喜好。
⑥鲜(xiǎn):少。
⑦谚:俗语。

⑧硕：大，茁壮。

【译文】

　　所谓治好自家在于先修养自身，是因为人们会有种种情感和认识偏差：对于自己所亲爱的人，往往会有过分偏爱；对于自己轻贱和厌恶的人，往往会过分轻贱厌恶；对于自己敬畏的人，往往会过分敬畏；对于自己同情的人，往往会过分同情；对于自己轻视和怠慢的人，往往会过分轻视和怠慢。因此，喜爱某人同时又知道那人的缺点，厌恶某人同时又知道那人的优点，这种人天下很少见了。所以俗话有这样的说法："由于溺爱，人不知道自己孩子的过失；由于贪得，人看不到自己庄稼的茁壮。"这就是不修养自身就不能治好自家的道理。

扩展阅读

当然之则

五者在人本有当然之则①，然常人之情惟其所向而不加察焉，则必陷于一偏而身不修矣。

（〔南宋〕朱熹《四书集注》）

【注释】

①五者：指亲爱、贱恶、畏敬、哀矜、敖惰五种情况。　当然：应当这样。

【译文】

这五者在人，原则上说本来是应该这样的，但平常人的情感是任其偏向而不加明察，因此必陷于一偏而自身得不到修养。

点 评

本章朱熹称之为"传之八章，释修身齐家"。修身要注意自身的情感，情感容易走向一偏之极端。好恶不能简单二分，因为常人总有优点，也会有缺点，所以人的认识也必须"好而知其恶，恶而知其美"。就像俗话所说的溺爱者不明，贪得者无厌，都是一偏之害，所以家也不会治理好。家庭内部，感情重要，没有感情，家也会貌合神离，但感情用事，也会导致家庭不和。这是古人早已明白的道理。《论语·颜渊》有："子张问崇德辨惑。子曰：'主忠信，徙义，崇德也。爱之欲其生，恶之欲其死。既欲其生，又欲其死，是惑也。'"正好启发了本章。

第十章

这是讲齐家，强调孝悌慈仁。

【名句】

一家仁，一国兴仁；一家让，一国兴让；一人贪戾，一国作乱。

所谓治国必先齐其家者，其家不可教而能教人者，无之。故君子不出家而成教于国。孝者，所以事君也；弟者①，所以事长也；慈者②，所以使众也。《康诰》曰："如保赤子③。"心诚求之，虽不中不远矣④。未有学养子而后嫁者也。一家仁，一国兴仁；一家让，一国兴让；一人贪戾⑤，一国作乱。其机如此⑥。此谓一言偾事⑦，一人定国。尧舜帅天下以仁⑧，而民从之；桀纣帅天下以暴⑨，而民从之。其所令反其所好，而民不从。是故君子有诸己而后求诸人⑩，无诸己而后非诸人。所藏乎身不恕⑪，而能喻诸人者⑫，未之有也。故治国在齐其家。

【注释】

①弟：同"悌（tì）"，指弟弟尊重兄长。

②慈：慈爱，指父母爱子女。

③如保赤子：《尚书·周书·康诰》原文作："若保赤子。"意思是保护平民百姓如母亲养护婴孩一样。

④中（zhòng）：达到目标。

⑤贪戾：贪婪、暴戾。

⑥机：本指弩箭上的发动机关，引申指关键。

⑦偾（fèn）：败，坏。

⑧尧舜：即尧帝和舜帝，儒家认为是圣君的代表。 帅：同"率"，率领、统帅。

⑨桀（jié）：夏代最后一位君主。 纣：即殷纣王，商代最后一位君主。二人历来被认为是暴君的代表。

⑩诸："之于"的合音。

⑪恕：即恕道。孔子说："己所不欲，勿施于人。"意思是说，自己不喜欢的事物，也不要强加于别人。这种推己及人，将心比心的品德就是儒学所倡导的恕道。

⑫喻：使别人明白。

【译文】

　　所谓治理国家必须先治好自己的家庭，是说连自己家人都不能管教好而能管教好别人，这是没有的。所以，有修养的人不出家门就能完成对整个国家的教育。孝顺父母，可以用于侍奉君主；恭敬兄长，可以用于侍奉尊长；慈爱子女，可以用于对待民众。《康诰》说："爱人民如同爱护婴儿一样。"内心真有这种仁爱的追求，即使达不到目标，也不会相差太远。要知道，没有谁先学会了养护孩子再去嫁人的啊！国君一家仁爱，一国人受到感化，也会兴起仁爱；国君一家礼让，一国人也会受到感化，兴起礼让；国君一人贪婪暴戾，一国人就会受到影响，纷纷作乱。其关联就是这样紧密。这就叫做：一句话可以败坏大事，一个人可以安定国家。尧、舜用仁政统率天下，老百姓就跟随着学仁爱；桀、纣用暴政统率天下，老百姓就跟随着学凶暴。国君的命令与自己的实际做法相反，老百姓是不会依从的。所以，品德高尚的君子，总是自己先做到，然后才要求别人做到；自己先不这样做，然后才要求别人不这样做。本身不采取这种推己及人的恕道，而能使别人明白这个道理，那是未曾有过的。所以说，君主要治理国家必须先治理好自己的家庭。

《诗》云①："桃之夭夭②，其叶蓁蓁③。之子于归④，宜其家人⑤。"宜其家人，而后可以教国人。《诗》云⑥："宜兄宜弟。"宜兄宜弟，而后可以教国人。《诗》云⑦："其仪不忒⑧，正是四国⑨。"其为父子兄弟足法，而后民法之也。此谓治国在齐其家。

【注释】

①《诗》云：此指《诗经·周南·桃夭》篇。
② 夭夭（yāo）：鲜嫩、美丽。
③ 蓁蓁（zhēn）：茂盛的样子。
④ 之子：这个女子。 于归：指女子出嫁。
⑤ 宜：善。
⑥《诗》云：此指《诗经·小雅·蓼萧》篇。
⑦《诗》云：此指《诗经·曹风·鸤鸠》篇。
⑧ 仪：仪表。 忒（tè）：差错。
⑨ 正是：做正面榜样。 四国：四周围的邦国。

【译文】

《诗经·周南·桃夭》说："桃花美艳艳，桃叶绿蓁蓁。此女嫁来了，和睦一家人。"让自家人都和睦，然后才能教育一国的人都和睦。《诗经·小雅·蓼萧》说："兄弟和睦。"兄弟和睦了，然后才能教育一国的人都和睦。《诗经·曹风·鸤鸠》说："仪容无差错，教正四方国。"只有当一个人无论是作为父亲、儿子，还是兄长、弟弟都值得人效法时，老百姓才会去效法他。这就是要治理国家必须先治理好自己家庭的道理。

扩展阅读

孝、弟、慈

孝、弟、慈，所以修身而教于家者也。然而国之所以事君、事长、使众之道不外乎此①，此所以家齐于上而教成于下也。

（〔南宋〕朱熹《四书集注》）

【注释】
①使众：指使众人。

【译文】
　　孝敬父母、尊敬兄长、慈爱晚辈，这是修身而教于家的人应该做的。但是国家用来事君、事长、使众之道不外乎这些，这就是家齐于上，而能教化于下的原因。

点 评

　　本章朱本称之为"传之九章，释齐家治国"。中国古代社会是宗法社会，是一个家族统治千百万个家族的社会。国君的家族十分庞大，家族内部常有纷争，纷争有时会流血，甚至导致衰败。所以管理好家庭和整个家族是个大问题。家庭的管理，最好的方法是树立孝悌、仁慈、礼让等道德观念,孝悌是敬长,仁慈是爱幼,礼让则和逊不争,实行这种精神,家庭就会和谐。用推己及人的恕道,把这种观念推广到社会,社会也会和谐安定。榜样的力量是无穷的,国君这样做,全国都会跟着做。《诗经》里许多诗句都是讲家庭和睦的,来嫁的子妇,家族的兄弟,都应如此,然后才能作出榜样。《论语·卫灵公》:"子贡问曰:'有一言而可以终身行之者乎?'子曰:'其恕乎!己所不欲,勿施于人。'" 后儒把它概括成"推己及人"的原则,现在人们还用这一原则思考,如换位思考,替别人想一想等,都包含这种精神。

第十一章

这是讲治国平天下,提出絜矩之道。

【名句】

　　好人之所恶,恶人之所好,是谓拂人之性,灾必逮夫身。

　　所谓平天下在治其国者,上老老而民兴孝①;上长长而民兴弟②;上恤孤而民不倍③。是以君子有絜矩之道也④。所恶于上,毋以使下;所恶于下,毋以事上;所恶于前,毋以先后;所恶于后,毋以从前;所恶于右,毋以交于左;所恶于左,毋以交于右。此之谓絜矩之道。

【注释】

①老老:尊敬老人。
②长长:尊重长辈。
③恤:体恤,周济。　孤:孤儿。　倍:通"背",背弃。
④絜(xié)矩之道:指言行要有规矩准绳,要有示范作用。推己及人,使上下四方均齐方正。絜,量度。矩,画直角或方形用的尺子,引申为法度、规则。

【译文】

　　所谓平定天下在于先治理好自己的国家,是因为,在上位的人尊敬老人,老百姓就会兴起孝顺自己父母的风气;在上位的人尊重长辈,老百姓就会形成尊重长者的风气;在上位的人怜恤孤幼,老百姓也同样不会背弃这一美德。所以,君子总是实行以身作则、推己及人的"絜矩之道"。凡是处于上位的人的某种作为为我所厌恶,我就不用这种做法去对待处于下位的人;凡是处于下位的人的某种作为为我所厌恶,我就不用这种做法去对待处于上位的人;我若厌恶前面的人的作为,就不用这种做法去对待后面的人;我若厌恶后面的人的某种做法,就不用这种做法去对待前面的人;我若厌恶右边的人的某种做法,就不用这种做法去对待左边的人;我若厌恶左边的人的某种做法,就不用这种态度去对待右边的人。这就叫做推己及人的"絜矩之道"。

《诗》云①："乐只君子②,民之父母。"民之所好好之,民之所恶恶之,此之谓民之父母。《诗》云③："节彼南山④,维石岩岩⑤。赫赫师尹⑥,民具尔瞻⑦。"有国者不可以不慎,辟则为天下僇矣⑧。《诗》云⑨："殷之未丧师⑩,克配上帝⑪。仪监于殷⑫,峻命不易⑬。"道得众则得国,失众则失国。是故君子先慎乎德。有德此有人⑭,有人此有土,有土此有财,有财此有用。德者,本也;财者,末也。外本内末,争民施夺⑮。是故财聚则民散,财散则民聚。是故言悖而出者,亦悖而入⑯;货悖而入者,亦悖而出。

【注释】
①《诗》云:此指《诗经·小雅·南山有台》篇。
②乐:快乐,喜悦。 只:语助词。
③《诗》云:此指《诗经·小雅·节南山》篇。
④节:高大。
⑤岩岩:险峻的样子。
⑥师尹:太师尹氏。尹姓是周朝的世卿,祖先尹佚在武王时有功,尹吉甫辅佐宣王有功。此位尹太师因勾结小人,祸乱国政,是诗中谴责的对象。太师是周代的三公之一。
⑦具:通"俱",都。 尔:你。 瞻:瞻仰,仰望。
⑧辟(pì):通"僻",偏私,邪僻。 僇(lù):通"戮",杀戮。
⑨《诗》云:此指《诗经·大雅·文王》篇。
⑩丧师:失去民众。
⑪克配:能够配合。
⑫仪:宜。 监:鉴戒。

⑬峻命：大命。　不易：指不容易保有。
⑭此：乃，才。
⑮争民施夺：争民，与民争利。施夺，施行劫夺。
⑯悖：逆。

【译文】

　　《诗经·小雅·南山有台》说："快乐的国君啊，是人民的父母。"人民喜爱的他也喜爱，人民憎恶的他也憎恶，这样的国君就可以称得上是人民的父母。《诗经·小雅·节南山》说："高大的南山，岩石巍峨耸立。显赫的尹太师，百姓都看着你。"握有国家大权的人不可不谨慎，邪僻失道就会被天下人诛戮。《诗经·大雅·文王》说："殷朝没有失民心的时候，还是能够与上苍的要求相符的。请用殷朝做个鉴戒吧，守住天命并不是一件容易的事。"这就是说，得到民心就能得到国家，失去民心就会失去国家。所以，君子首先注重修养德行。有道德才会有人拥护，有人拥护才能有土地，有土地才会有财富，有财富才能供使用。道德是根本，财富是枝末。假若轻根本而重枝末，那就会和老百姓争夺利益而实行劫夺之术。所以，君王聚敛财富，民心就会失散；君王散财于民，民心就会聚在一起。这正如说话悖逆道理，也会有悖逆道理的话回报；财货悖逆情理而来，也会悖逆情理地失去。

　　《康诰》曰："惟命不于常①。"道善则得之，不善则失之矣。《楚书》曰②："楚国无以为宝，惟善以为宝。"舅犯曰③："亡人无以为宝④，仁亲以为宝。"《秦誓》曰⑤："若有一个臣，断断兮无他技⑥，其心休休焉⑦，其如有容焉⑧。人之有技，若己有之。人之彦圣⑨，其心好之，不啻若自其口出⑩，实能容之。以能保我子孙黎民，尚亦有利哉！人之有技，媢疾以恶之⑪。人之彦圣，而违之俾不通⑫，实不能容。以不能保我子孙黎民，亦曰殆哉！"唯仁人放流之⑬，迸诸四夷⑭，不与同中国⑮。此谓唯仁人为能爱人，能恶人。见贤而不能举，举而不能先，命也⑯。见不善而不能退，退而不能远，过也。好人之所恶，恶人之所好，是谓拂人之性⑰，灾必逮夫身⑱。

【注释】

① 命：天命。
② "《楚书》"句：《楚书》为楚昭王时史书。楚昭王派王孙圉（yǔ）出使晋国。晋国赵简子问楚国珍宝美玉现在怎么样了。王孙圉答道：楚国从来没有把美玉当作珍宝，只是把善人如观射父这样的大臣看作珍宝。事见《国语·楚语》。汉代刘向的《新序》中也有类似的记载。
③ 舅犯：晋文公重耳的舅舅狐偃，字子犯。
④ 亡人：流亡的人，指重耳。晋僖公四年十二月，晋献公因受骊姬的谗言，逼迫太子申生自缢而死。重耳避难逃亡在外。在狄国时，晋献公逝世。秦穆公派人劝重耳归国掌政。重耳将此事告子犯，子犯以为不可，对重耳说了这几句话。语见《礼记·檀弓下》。
⑤ 《秦誓》：《尚书·周书》中的一篇。
⑥ 断断：真诚的样子。
⑦ 休休：宽宏大量。
⑧ 有容：能够容人。
⑨ 彦圣：指德才兼备。圣，明。
⑩ 不啻（chì）：不但。

⑪媢（mào）疾：妒嫉。《尚书·秦誓》作"冒疾"。
⑫违：阻抑。　俾（bǐ）：使。
⑬放流：流放。
⑭迸：即"屏"，驱逐。　四夷：四方之夷，夷指古代东方的部族。
⑮中国：中原。
⑯命：东汉郑玄认为应该是"慢"字之误。慢，即轻慢。
⑰拂：逆，违背。
⑱逮：及，到。　夫（fú）：助词。

【译文】

　　《尚书·康诰》说："天命是不会常保你一家的。"这就是说，行善便会得到天命，不行善便会失去天命。《国语·楚语》说："楚国没有什么是宝，只是把善人当作宝。"舅犯说："流亡在外的人没有什么是宝，只是把仁爱亲人当作宝。"《尚书·秦誓》说："假若有这样一位大臣，忠厚老实而没有什么特别的本领，但他心胸宽广，有容人之量，别人有本领，就如同他自己有一样；别人德智兼备，他心悦诚服，不只是在口头上说说，而是实实在在能容纳。用这种人，是可以保护我的子孙和人民的，而且还是有利的啊！相反，假若别人有本领，他就妒嫉、厌恶人家；别人德智兼备，他便想方设法压制、阻挠，使君主不知道他的才德，这实实在在是不能容人。用这种人，不仅不能保护我的子孙和人民，而且可以说是很危险！"因此，有仁德的人会把这种容不得人的人流放，把他们驱逐到边远的四夷之地去，不让他们与自己同住在中原。这说明，有仁德的人能爱护好人，也能憎恨坏人。发现贤才而不能选拔，选拔了而不能优先重用，这是轻慢；发现恶人而不能罢免，罢免了而不能把他驱逐得远远的，这就是过错。喜欢众人所厌恶的，厌恶众人所喜欢的，这是违背人的本性，灾难必定要落到自己身上。

是故君子有大道：必忠信以得之，骄泰以失之①。生财有大道：生之者众，食之者寡；为之者疾②，用之者舒③，则财恒足矣。仁者以财发身④，不仁者以身发财。未有上好仁而下不好义者也，未有好义其事不终者也，未有府库财非其财者也。孟献子曰⑤："畜马乘不察于鸡豚⑥，伐冰之家不畜牛羊⑦，百乘之家不畜聚敛之臣⑧。与其有聚敛之臣，宁有盗臣⑨。"此谓国不以利为利，以义为利也。长国家而务财用者⑩，必自小人矣。彼为善之，小人之使为国家，灾害并至。虽有善者，亦无如之何矣⑪！此谓国不以利为利，以义为利也。

【注释】

①骄泰：骄横放纵。
②疾：快，迅速。
③舒：舒缓。
④发身：修身。发，发达，发起。
⑤孟献子：鲁国大夫，姓仲孙，名蔑。
⑥畜：养。　乘（shèng）：指用四匹马拉的车。畜马乘，是士人初做大夫官的待遇。　察：关注。
⑦伐冰之家：指丧祭时能用冰保存遗体的人家，是卿大夫类高官的待遇。
⑧百乘之家：拥有一百辆车的人家，指有封地的诸侯王。　聚敛之臣：搜刮钱财的家臣。聚，聚集。敛，征收。
⑨盗臣：盗窃府库财物的家臣。
⑩长（zhǎng）国家：成为国家之长，指君王。

⑪无如之何：没有办法。

【译文】

所以，做国君的人有正道：必定遵循忠诚信义，以获得天下；若骄奢放纵，便会失去天下。生产财富也有正道：要让生产财物的人多，消费财物的人少；要让生产财物的人勤奋，消费财物的人节俭。这样，国家财富便会经常充足了。仁爱的人散财以提高自身的德行而得民，不仁的人不惜以生命为代价去聚敛财物。没有在上位的人喜爱仁德，而在下位的人却不喜爱忠义的；没有喜爱忠义，而做事却半途而废的；没有国库里的财物不是属于国君的。孟献子说："具备马匹车辆的士大夫之家，就不该再去计较养鸡养猪的小利；祭祀能够用冰的卿大夫家，就不要再去养牛养羊牟利；拥有百辆兵车的诸侯之家，就不要去收养搜刮民财的家臣。与其有搜刮民财的家臣，还不如有偷盗自家东西的小臣。"这意思是说，一个国家不应该以财利为利益，而应该以道义为利益。做了国君却还一心想着聚敛财货，这必然是有小人在诱导。而那国君还以为这些小人是好人，让他们去处理国家大事，结果是天灾人祸一齐降临。这时虽有贤能的人，却也没有办法挽救了。这就是说，一个国家不应该以财货为利益，而应该以道义为利益。

扩展阅读

彼此如一

此复解上文"絜矩"二字之义。如不欲上之无礼于我，则必以此度下之心，而亦不敢以此无礼使之。不欲下之不忠于我，则必以此度上之心，而亦不敢以此不忠事之。至于前后左右无不皆然，则身之所处，上下、四方、长短、广狭，彼此如一，而无不方矣①。彼同有是心而兴起焉者②，又岂有一夫之不获哉？所操者约③，而所及者广，此平天下之要道也。故章内之意，皆自此而推之。

（〔南宋〕朱熹《四书集注》）

【注释】

①方：方正。
②是心：此心。
③操：持。 约：简要。

【译文】

　　这里是再解上文"絜矩"二字的意思。如果不想上面的人无礼于我，则必以此推度下面人的心，而不敢以此无礼使令他们。不想在下位的人不忠实于我，则必以此推度上面人的心，因此也不敢以此不忠对待他。至于前后左右无不一样，则身之所处，上下、四方、长短、广狭，彼此如一，而无不方正了矣。彼此同有此心而奋起，就会没有一人不收获的，所操持的简单，而所得到的面广，这是平定天下之要道啊。所以章内的意思，都用这个原则推之。

点 评

　　本章朱本称之为"传之十章，释治国平天下"。治国要有治国原则，这个原则就是治国者要慎德。有了孝悌慈爱等标准，就可以推己及人，实施絜矩之道。"民之所好好之，民之所恶恶之"，天命是由民心决定的，"得众则得国，失众则失国"。要知道有德与人、土、财、用的关系。有德才能得众有人，得众有人才能有土立国，有土立国才会有财货，有财货才能满足需要。所以德是本，财是末。治国者不能与民争财，财是大家所同欲的，不能做到大家同欲，而要专欲，人民就要起来争夺了。悖理得到的财货，不能保持长久。财货不是本不是宝，只有善和善人才是本是宝。国家得到有贤智的人才能治理，排斥贤智者，不能保有子孙和人民。君子靠忠信得天下，骄奢淫逸便失天下，这是治国的大道。同样理财也有大道，必须解决好生产者和消费者、创造者和享用者的关系。前者要许多人参加，而且要努力工作；后者人要少，而且不能过度。这样财货就能长久满足。过度的聚敛财富，与民争利，甚至伤民之力，那会天灾人祸并至，那时即使有好人，也没办法了。正如朱熹所言："此章之义，务在与民同好恶而不专其利，皆推广絜矩之义也。能如是，则亲贤乐利各得其所，而天下平矣。"本章格言是，"好人之所恶，恶人之所好，是谓拂人之性，灾必逮夫身"。这是屡屡被历史所证明的治国理念。

中 庸

前　言

　　《中庸》是儒家重要经典，它同《易经》一样，都是儒家的理论渊薮。不过《易经》比《中庸》影响大，涵盖面广，而《中庸》是宋以后儒者研读的重点。儒学，特别是理学，许多概念、命题出自《中庸》，许多理学大家持守《中庸》的信条，许多儒者用《中庸》的方法论思考，从而可以看出，《中庸》对中华文明的形成有着深远的影响。

　　但今本《中庸》，并非独立成编。它仅是《礼记》中的一篇，初始既没有引起人们广泛关注，也没有留下作者姓名。

　　对于《中庸》的作者，一般认为，它出于子思（前483—前402）之手。司马迁曾说子思作《中庸》。据《史记·孔子世家》记载，孔子之孙名叫孔伋（jí），字子思。据《韩非子·显学》记载，孔子去世后，儒家分为八派，子思和孟子是其中一派。《荀子·非十二子》提到："子思唱之，孟轲和之。"也把子思和孟子看成是一派。从师承关系来看，子思大概学于孔子的得意弟子曾子，《史记·孟子荀卿列传》称，孟子学于子思之门人。从《中庸》和《孟子》的基本观点来看，大体上是相同的，所以有"思孟学派"的说法。后代因此而尊称子思为"述圣"。至宋代，理学大家也认为《中庸》为子思所作，这几乎成了定论。

　　近代人们对《中庸》作者产生疑问，有人据第二十八章"生乎今之世，反古之道""今天下车同轨，书同文，行同伦"两段话，认为《中庸》是秦代作品，也有人认为是子思所作，只是掺入了秦人文字。我觉得现存的《中庸》，还应为子思所作，但可能经过秦代儒者的修改写定。

　　现存本虽说没有独立成编，但早在西汉时代就有专门解释《中庸》的著作，《汉书·艺文志》著录有《中庸说》二篇，以后各代有关这方面的著作也有一些，但影响甚微。唐代韩愈注意《大学》《中庸》，揭示道统。到宋代，很多人目光转向《中庸》，范仲淹让理学开山者之一张载读《中庸》，二程表彰《中庸》，二程弟子也有关于《中庸》的著作，朱熹讲友石子重作《中庸解》，但影响最大的还是理学集大成者朱熹的《中庸章句》。

朱熹把《中庸》《大学》《论语》《孟子》合在一起，称为"四书"，并为之作章句集注。从元代开始，《四书章句集注》成为各级学校的必读书，成为士子求取功名利禄的阶梯，影响达七百年之久。

朱熹的《中庸章句序》，是一篇难得的历史文化文献。它完整地论述了儒家的道统论。首先，是道的内涵，序引《尚书·大禹谟》中"人心惟危，道心惟微，惟精惟一，允执厥中"四句话，表明宗旨，使其成为道统论的核心，后来被称作"十六字心传"。理学家们几乎都把它奉为圭臬，没有谁人能绕过它。

其次，还使道的历代承载人物谱系化。朱熹认为，尧舜禹汤、文王武王、周公召公、皋陶伊尹傅说，这些早期圣君名臣，使道代有传人，形成统绪。孔子虽无其位，但"继往圣，开来学"，其功有高过尧舜的地方，自然也承载道统。曾子见知孔子，子思得其流风遗韵，此后孟子接续其统。孟子前后，异端肆起，特别是佛老思想"弥近理而大乱真"，道统失传。至程颢、程颐出，斥佛道"似是而非"，续千载不传之绪，完整地勾画出一个道统流变史。

朱熹还说，自己早年对《中庸》有很多疑问，经过"沉潜反复"，多年思考，才得其要领，最后"会众说而折其中"，才做成《中庸章句》。《中庸章句》使《中庸》之旨，支分节解、脉络贯通、详略相因、巨细毕举。此外还对诠释《中庸》的各家同异得失，也加以辨析。把记录论辩取舍的文字著为《中庸或问》。他还把石子重之书作了删节，更名《中庸辑略》，又在讲学中，同弟子反复讨论《中庸》，这些讨论大部分收录在《朱子语类》中。可以看出，朱熹对《中庸》下了很多功夫，《中庸章句》是他的得意之作。以上这些书，是彼此密不可分的一个整体，相辅相成，是研究《中庸》不可或缺的资料。

在《中庸章句》篇题之下，朱熹对"中庸"下了一个定义，指出：

"中者,不偏不倚、无过不及之名。庸,平常也。""不偏不倚",出自本书"中立而不倚"和改用《尚书·洪范》"无偏无陂";"无过不及",出自《论语·先进》。又用"平常"释"庸",借以指出中庸的合度性、日用性。是"放之则弥六合,卷之则退藏于密"的道理,都是实用的学问。善于阅读的人只要仔细玩味,便可以终身受用不尽。

《中庸》及《中庸章句》及朱熹有关著作,还讨论了儒学和理学的一系列问题,如命、性、教、道、慎独、情、已发未发、中和、大本,达道、在中、时中、用中、费隐、忠恕、鬼神、五达道、三达德、知行、治国九经、择善固执、诚、致曲、尊德性而道问学、学问思辨行、三重、仁义礼智、无声无臭等等,有天道,有人道,有本体,有工夫。许多儒者对这些概念和命题也倾注了极大的热情,进行了广泛深入的论辩。这些讨论,虽说常常莫衷一是,但丰富多彩,细致入微,富有哲理。可以说宋明理学所以能成为本体化、哲学化的思潮,达到了时代哲学高峰,是和《中庸》及《中庸章句》密不可分的。

《中庸》在儒家典籍中,是高层次的理论色彩浓厚的著作。读通、读懂很不容易。朱熹认为读四书应最后读《中庸》,突出它的高深性。为了增加它的可读性,本书此次出版采取注释、翻译、扩展阅读、点评等形式。四种形式各自成篇,又彼此照应。此次诠释《中庸》,以《四书集注》中的《中庸章句》为底本,文字、章节一一依从《章句》。注释博采众长,不固守宋儒。译文与正文与注解相对应。扩展阅读,博采历代精彩见解,既有助于对《中庸》本身的理解,也可以看出历代研究成果的丰硕,点评突出概念命题及章节的内在联系,有时采用朱说,有时觉得朱说过于勉强者,则另辟蹊径,有的地方仅为笔者一得之见。不当之处,在所难免,敬请读者指正。

第一章

这是全篇的纲要。提出许多概念，如性、道、教，戒慎、慎独，隐微、已发、未发、中和，大本、达道、位育等。成为哲学热门话题。

【名句】

喜怒哀乐之未发，谓之中；发而皆中节，谓之和。

天命之谓性①，率性之谓道②，修道之谓教③。道也者，不可须臾离也④，可离非道也。是故君子戒慎乎其所不睹⑤，恐惧乎其所不闻⑥。莫见乎隐⑦，莫显乎微，故君子慎其独也⑧。喜怒哀乐之未发，谓之中⑨；发而皆中节⑩，谓之和⑪。中也者，天下之大本也；和也者，天下之达道也⑫。致中和⑬，天地位焉⑭，万物育焉⑮。

【注释】

①天：指自然的天。　命：赋予。朱熹《中庸章句》中说："天以阴阳五行化生万物，气以成形，而理亦赋焉，犹命令也。"　性：人性。

②率：遵循，按照。　道：路，引申为规律、法则。朱熹《四书章句集注》中说："道，犹路也。人物各循其性之自然，则其日用事物之间，莫不各有当行之路，是则所谓道也。"

③修：修明，节制。　教：教化，包括礼、乐、刑、政等。

④须臾：片刻。

⑤不睹：看不见的地方。

⑥不闻：听不到的事情。

⑦莫：在这里是"没有什么更……"的意思。　见（xiàn）：同"现"，显现。　乎：于。

⑧独：独处或独知时。

⑨中：指不偏不倚的状态。

⑩中（zhòng）节：符合法度。

⑪和：和谐，不乖戾。

⑫达道：天下古今必由之路，也指普遍规律。

⑬致：达到。

⑭位：安于所处的位置。

⑮育：成长发育。

【译文】

　　天赋予人的禀赋叫做性，遵循天性而行叫做道，按照道的原则修养叫做教。道是不可以片刻离开的，如果可以离开，那就不是道了。所以，君子在别人看不见的地方也是谨慎的，在别人听不见的地方也是有所戒慎畏惧的。越是隐秘的事情越是容易显露，越是细微的事情越是容易显现。所以，君子在一个人独处独知的时候，更要谨慎。喜怒哀乐各种感情没有表现出来的时候，叫做中；表现出来以后符合节度，叫做和。中是天下的根本，和是天下普遍遵循的规律。达到中和的境界，天地便各在其位了，万物的生长就茂盛了。

扩展阅读

中 庸

程子曰:"不偏之谓中,不易之谓庸①。中者,天下之正道。庸者,天下之定理。"此篇乃孔门传授心法,子思恐其久而差也②,故笔之于书,以授孟子。其书始言一理,中散为万事,末复合为一理,"放之则弥六合,卷之则退藏于密③",其味无穷,皆实学也。善读者玩索而有得焉④,则终身用之,有不能尽者矣。

(〔南宋〕朱熹《四书集注》)

【注释】

①不易:不改变。
②差:差失。
③此两句也是程颐语。
④玩索:玩味思索。

【译文】

程子说:"中就是居中而不偏向一边,庸就是坚守不改变。中是天下的正确规则,庸是天下不可动摇的道理。"这篇文章是孔门心心相通的传授大法,子思怕年久失传,把它写成书,传授给孟子。这部书中间虽说讲了不少事,其实一个中庸的道理贯彻始终,这个道理,可大可小,大可弥漫天地四方,小可达到最隐秘的地方,味道无穷,都是实实在在的学问。善于阅读的人好好把玩思索,一定会有收获,即使终身运用它,还有达不到的地方。

点　评

　　本章先讲天命，这里讲的命，不是指富贵、贫贱、寿夭等命定内容，而是指个人的禀赋而言，人的禀赋是自然形成的，这就是含有道德内容的性。人人遵循各自的性，在日常生活中，就知道当做什么，不当做什么，这就有了常规，这就是道。从道入手，修饰品节，这就是教化。从道不可片刻离开引入话题，强调在《大学》里面也阐述过的"慎其独"问题，要求人们加强道德自觉，谨慎地修养自己。

　　个人修养特别提出了"中和"这一范畴，进入全篇的主题。"中和"是儒学的重要范畴之一，历来有各种各样的理解。本章是从情的角度切入，对中和作出基本的解释。按照本章的意思，在一个人还没有表现出喜怒哀乐情感时，心中是平静的，不偏不倚，所以叫做"中"。喜怒哀乐总是要发露出来的，但发出来要有节度，无过不及，这就叫做"和"。人人都达到"中和"的境界，整个社会大家都心平气和，社会和自然界很和谐，天下也就太平无事了。这里讲的中和，实际就是中庸。前人说："以性情言之，则曰中和；以德行言之，则曰中庸。"大体不错。

　　本章具有全篇纲要的性质，所谓"一篇之体要"。其下十章，大体都围绕本章内容而展开。用朱熹的话来说是"子思引夫子之言，以终此篇之义"。的确都是引孔子的话。

第二章

继续讲中庸,提出"时中"概念。

【名句】

君子之中庸也,君子而时中。

仲尼曰①:"君子中庸②,小人反中庸。君子之中庸也,君子而时中③。小人之中庸也④,小人而无忌惮也⑤。"

【注释】
①仲尼:即孔子,名丘,字仲尼。
②中庸:朱熹注"中庸者,不偏不倚,无过不及",它是儒家的最高道德标准。
③时中:随时而处中。
④小人之中庸也:王肃本作"小人之反中庸也",程、朱皆从之。
⑤忌惮:顾忌和畏惧。

【译文】

仲尼说:"君子能中庸,小人违背中庸。君子之所以能中庸,是因为君子随时做到合度适中;小人之所以违背中庸,是因为小人无所顾忌肆意妄为。"

扩展阅读

在中时中

在中者①，未动时恰好处②；时中者③，已动时恰好处。

(《朱子语类》卷六十二《中庸》)

【注释】
①在中：情感未发出时。
②未动：静态。　恰好处：合乎中，这是对中庸恰当的解释。
③时中：随时做到恰到好处。

【译文】
　　中庸在变动不居中有两种运动与存在形式，就是未发时的在中，已发时的时中，二者都要求恰到好处。

点　评

　　本章提出了"时中"的概念。《论语·先进》记载："子贡问：'师与商也孰贤？'子曰：'师也过，商也不及。'曰：'然则师愈与？'子曰：'过犹不及。'"这是对"中"解释的根据之一。但"中无定体，随时而在"，也就是说中是处于变动不居之中，这就需要随时处中，这就是"时中"。"时中"和"在中"是两种不同的存在形态，但都是中，只是有已发未发之别罢了。君子有此德行，而又随时处中，戒慎恐惧，所以能体现中庸。小人不知修养，任意妄行，自然会肆无忌惮，好走极端，和中庸相反。

第三章

这是讲中庸很难达到,取于《论语》。

子曰:"中庸其至矣乎①!民鲜能久矣②!"

【注释】

①至:极至,顶点。
②鲜:少,不多。

【译文】

孔子说:"中庸大概是最高最好的德行了吧!但人们很少能够做到,这种状况已经很久了!"

扩展阅读

鲜能之

过则失中,不及则未至①,故惟中庸之德为至。然亦人所同得,初无难事;但世教衰,民不兴行,故鲜能之②,今已久矣。

([南宋]朱熹《四书集注》)

【注释】

①未至：未达到。

②鲜：少。

【译文】

过头就失掉中了，达不到也不是中，所以只有中庸才是最高道德。但虽说如此，实际人人都有的，本初不是困难的事，但因世道变化，教化衰落，民众不再奉行这种道理和准则，所以才说很少有人能做到，唉，已经很久了。

点 评

正因为中庸是最高的德行，所以难以把持。不偏不倚，无过无不及，在两端中寻求合度点，在变化云为中做到恰到好处，本身就是很难的事。何况世道变坏时，更是难事。但人人都可以不断向这个方向努力。

第四章

这是解释中庸"过与不及"的根据,其源出于《论语》孔子语。

【名句】

人莫不饮食也,鲜能知味也。

子曰:"道之不行也①,我知之矣:知者过之②,愚者不及也。道之不明也,我知之矣:贤者过之,不肖者不及也③。人莫不饮食也,鲜能知味也④。"

【注释】

①道：指中庸之道。
②知：同"智"。 过：超过限度。
③不肖者：指不贤的人。
④味：滋味。

【译文】

　　孔子说："中庸之道不能实行的原因，我知道了：聪明的人自以为是，认识过了头；愚蠢的人智力不及，不能理解它。中庸之道不能彰显的原因，我知道了：贤能的人做得过了分，不贤的人又做不到。就像人们每天都要吃东西，但却很少有人能够真正品尝出滋味。"

扩展阅读

不行不明

　　问：知者如何却说"不行"？贤者如何却说"不明"？曰：知者缘他见得过高，便不肯行，故曰不行。贤者资质既好①，便不去讲学，故云"不明"。知如佛、老皆是，贤如一种天资好人皆是。

（《朱子语类》卷六十三《中庸》）

【注释】

①资质：指天资、品格、禀赋等。

【译文】

　　问：对于聪明人为何说不行中庸之道，对于有德的人为何说不明中庸之道？回答说：聪明人因他看的太高，便不肯从中道，所以说不行。贤能的人资质已经很好，就不去学了，不学自然不明了中道。聪明人如佛、老之徒，他们都是这样。贤能的人指一种天资好的人，都是如此。

点 评

行是实践，明是认知。贤与不肖、智与愚是对立的两种现象。智者做得过头，愚者做不到，这是说人的智慧。贤与不肖，是说人的品德，二者都有过与不及的问题。正因为要么太过，要么不及，所以，总是不能做得恰到好处。其根本原因在于认识，就好比人们每天都在吃喝，但却很少有人真正品出滋味一样，缺乏对道的真知。

第五章

这是强调上章。

子曰:"道其不行矣夫①。"

【注释】

①其:表示推测的语气助词。 夫(fú):语尾词,表示感叹。

【译文】

孔子说:"道大概不能实行了吧。"

扩展阅读

明与行

由不明①,故不行。

([南宋]朱熹《四书集注》)

【注释】

①不明:不明了。

【译文】

　　由于不明道理,所以不践行。

点　评

　　承上章强调由于对道的内容和重要性不了解,所以不能实行。

第六章

这是讲舜具有中庸的大智慧,其文脱胎于《论语》《孟子》。

【名句】

好问而好察迩言。

子曰:"舜其大知也与①!舜好问而好察迩言②,隐恶而扬善,执其两端,用其中于民,其斯以为舜乎③!"

【注释】

①舜:古代帝王,名重华,史称虞舜。 大知:有很高的才智。知,通"智"。
②迩言:浅近的话。
③其:语气词,表示推测。 斯:这。

【译文】

孔子说:"舜可以说是具有大智慧的人吧!他喜欢向人请教问题,又善于从人们浅近平常的话语里分析其含义。不宣扬别人的恶言恶行,只表彰别人的嘉言善行,根据"过与不及"两端的情况,采纳中庸之道来治理百姓。这就是舜之所以成为舜的原因吧!"

扩展阅读

两端取中

两端①,谓众论不同之极致②。盖凡物皆有两端,如大小、厚薄之类。于善之中又执其两端而量度以取中,然后用之,则其择之审而行之至矣。

([南宋]朱熹《四书集注》)

【注释】
①两端:对立的两方。
②极致:最高程度。

【译文】
　　两端,是指在众说纷纭的说法中,两种有代表性的极端相反的观点。大概可以说,凡物都有相反的两头,如大小、厚薄之类。在嘉言善行中,从两个角度观察,取其恰到好处的,然后用之,那样的选择是审慎的,行为也恰到好处。

点 评

舜所以大智,在于不自以为是而且善于向人学习,粗浅的言论都要听,听到不好的话不去计较,听到好的言论到处传播,这样光明正大的行为自然会感动人,谁不愿把真实情况告诉他呢?但听到真实情况还不够,还必须善于分析选择。执两用中,做到不偏不倚、无过无不及,真正恰到好处。选择好了,还要善于应用,这真是一种大的智慧啊。

第七章

这是说自作聪明要不得,要持守中庸。

子曰:"人皆曰予知①,驱而纳诸罟擭陷阱之中②,而莫之知辟也③。人皆曰予知,择乎中庸而不能期月守也④。"

【注释】
① 予:我。 知:同"智"。
② 纳:原义为纳入,这里为落入之义。 诸:"之于"的合音。 罟(gǔ):捕兽的网。 擭(huò):装有机关的捕兽的木笼。

③辟（bì）：同"避"，躲避，逃避。
④期（jī）月：一整月。

【译文】

　　孔子说："人人都说自己聪明，可是被驱赶到罗网陷阱之中，却不知道如何躲避。人人都说自己聪明，可是选择了中庸之道，却连一个月也不能坚持下来。"

扩展阅读

承上起下

承上章"大知"而言，又举不明之端，以起下章也①。

（〔南宋〕朱熹《四书集注》）

【注释】
①起：引起。

【译文】

　　这是接续上章"大知"说的，又举糊涂的例子，以起下章。

点　评

　　自以为聪明，或好走极端，不知适可而止；或不知当进即进，萎缩不前，都不符合中庸之道，所以往往自陷罗网而自己还不知道。那些选择中庸为立身之道的人，虽然知道适可而止的好处，但欲壑难填，好胜、攀比心切，结果是越走越远，无法做到持守。因此晓得了道理，还要坚持，"守"字可非同一般，要牢记，守得住，要百折不回，要用大定力。

第八章

这是说颜回持守中庸。

子曰:"回之为人也①,择乎中庸,得一善②,则拳拳服膺而弗失之矣③。"

【注释】
①回:指孔子的弟子颜回,字子渊,因此也称颜渊。
②善:好。
③拳拳:奉持不舍的样子。 服膺:指牢记在心中。服,著,放置。膺,胸口。 弗:不。

【译文】
孔子说:"颜回的处事为人是这样的,他选择中庸之道,得到了一种好的道理,便牢牢地记在心上,再也不让它失去。"

扩展阅读

颜 回

吕氏说颜子云①:"随其所至,尽其所得,据而守之,则拳拳服膺而不敢失;勉而进之,则既竭吾才而不敢缓。此所以恍惚前后而不可为像，求见圣人之止，欲罢而不能也。"此处甚缜密，无些渗漏。

(《朱子语类》卷六十三《中庸》)

【注释】

①吕氏：吕大临，字与叔。京兆蓝田（今陕西蓝田）人。程门四先生之一。

【译文】

吕氏评论颜渊说："追随孔子所能达到的地方，能学到的都学到了，还能坚守住，从内心衷心信服，不敢丢失；努力前进，即使把自己的才能用尽了也不敢稍微缓慢。所以才有《论语》中所说的恍惚景象。追求圣人脚步，是想停止也停不下来的。"这里十分缜密，没一些漏洞。

点 评

这是接着前一章而言的。作为孔子最好的弟子，颜回好学，"三月不违仁"，仁便是善。而且颜回在毅力方面也有过人之处。孔子在《论语·雍也》说："贤哉回也！一箪食，一瓢饮，在陋巷，人不堪其忧，回也不改其乐。贤哉回也！"这说明颜渊不为贫贱所移，能持守。

第九章

这是讲践行中庸的难度,需勇气。

子曰:"天下国家可均也①,爵禄可辞也②,白刃可蹈也③,中庸不可能也。"

【注释】

① 天下:指古代天子管辖下的所有地区。 国家:指天子分封的诸侯国。 均:治理,平定。
② 爵禄:爵位、俸禄。周代的爵位分公、侯、伯、子、男五等。 辞:辞掉,放弃。
③ 白刃:闪着亮光的快刀。 蹈:踩,踏。

【译文】

孔子说:"天下国家是可以治理的,官爵俸禄是可以辞让的,锋利的刀刃是可以践踏而过的,但中庸却是不容易做到的。"

扩展阅读

无私公心

只心无一点私,则事事物物上各有个自然道理,便是中庸。以此公心应之^①，合道理，顺人情处便是。

（《朱子语类》卷六十三《中庸》）

【注释】

①公心：无私之心。

【译文】

只要心里没有一点点私念，就会看到事事物物上都有个自然而然的道理，照道理去做，就是中庸。只要出于公心对事，合乎道理，符合人的常情，这个地方就是中庸。

点 评

治理好国家天下并非很容易，历史上很多诸侯国失去国家就是例证。权利和俸禄是美事，很多人常常趋之若鹜，而有的人却能够辞让。面对锋利的刀刃，不退缩，敢于践踏而过，这些都需要大智大勇。而做到中庸那更是难上加难了。这是因为中庸是需要毫无自私自利之心，以大公无私的精神按道理行事，所以不容易做到。

第十章

这章承上章的勇谈强,强调和而不流、中立而不倚,成为中庸解题内涵之一。

子路问强①。子曰:"南方之强与?北方之强与?抑而强与②?宽柔以教,不报无道③,南方之强也,君子居之④。衽金革⑤,死而不厌⑥,北方之强也,而强者居之。故君子和而不流⑦,强哉矫⑧!中立而不倚,强哉矫!国有道,不变塞焉⑨,强哉矫!国无道,至死不变,强哉矫!"

【注释】

①子路：孔子的弟子，名仲由，字子路，又字季路。
②抑：选择性连词，意为"还是"。 而：代词，你。 与：疑问语气词。
③报：报复。 无道：指强暴无理的人。
④居：处。
⑤衽（rèn）：卧席，此处用为动词，躺卧之意。 金：指铁制的兵器。 革：指皮革制成的甲盾。
⑥死而不厌：死也在所不惜。
⑦和而不流：性情平和又不随波逐流。
⑧矫（jiǎo）：坚强的样子。
⑨不变塞：不改变志向。塞，不通，穷困的境遇。

【译文】

子路问什么是强。孔子说："你问的是南方的强呢？还是北方的强呢？或者是你认为的强呢？用宽厚柔和的精神去教育人，人家对我蛮横无礼也不报复，这是南方的强，品德高尚的人具有这种强。枕着兵器铠甲睡觉，即使死也在所不惜，这是北方的强，勇武好斗的人就具有这种强。所以，品德高尚的人和顺而不随波逐流，这才是真强啊！保持中立而不偏不倚，这才是真强啊！国家政治清明，不改变志向，这才是真强啊！国家政治黑暗，能坚持操守宁死不变，这才是真强啊！"

扩展阅读

德义之勇

夫子以是告子路者①，所以抑其血气之刚，而进之以德义之勇也。

（〔南宋〕朱熹《四书集注》）

【注释】

①夫子:指孔子。

【译文】

孔子把这个道理告诉子路,就是要抑制他天生的血气刚烈,推进他有道德的勇气。

点 评

本章的核心还是讲"中庸"。

"宽柔以教,不报无道"说的是以宽和、柔顺的态度来教人,横逆之来,接受它,而不报复,这是南方之强。南方风气柔弱,以含忍之力胜人,如老子所主张的,这当然是君子行为。北方风气刚烈强劲,以强力胜人,勇而好斗,这是强悍者行为。前者似不及,后者似过。而孔子最贵的是中道,讲中道能达到和谐、和平,但又不同流俗,人云亦云,随波逐流,能中立而不偏倚。不管何种情况,都能持守中道,这种人才能称得上强大。尤其是"和而不流"的思想,对后世有指导意义。

第十一章

这章还是讲坚持中庸之德,即使名字不见闻于世,也不后悔。

子曰:"素隐行怪①,后世有述焉②,吾弗为之矣③。君子遵道而行,半途而废,吾弗能已矣④。君子依乎中庸,遁世不见知而不悔⑤,唯圣者能之。"

【注释】

①素:据《汉书》应为"索",探索、寻求之意。 隐:隐僻。 怪:怪异。
②述:记述。
③弗:不。
④已:止,停止。
⑤遁世:避世隐居。 见知:被知。见,被。

【译文】

孔子说:"探寻隐僻的道理,做些怪诞的事情,后世也许会有人来记述他,称赞他,但我绝不会这样做。君子按照中庸之道去做,但是半途而废,不能坚持下去,而我是绝不会停止的。真正的君子遵循中庸之道,即使隐遁在世间一生不被人知道,也决不后悔,这只有圣人才能做得到。"

扩展阅读

索隐行怪

索隐行怪，言深求隐僻之理，而过为诡异之行也①。然以其足以欺世而盗名，故后世或有称述之者。此知之过而不择乎善，行之过而不用其中，不当强而强者也，圣人岂为之哉！遵道而行，则能择乎善矣；半途而废，则力之不足也。此其知虽足以及之，而行有不逮②，当强而不强者也。已，止也。圣人于此，非勉焉而不敢废，盖至诚无息，自有所不能止也。

（〔南宋〕朱熹《四书集注》）

【注释】

①诡异：奇特。
②不逮：达不到。

【译文】

索隐行怪，就是深求一些隐蔽怪异的道理，行为也十分怪异荒唐。但是也能达到欺世盗名的目的，后世也有人称述他。这种人就是道理知道很高，但不按善道而行；行为过了头，不按中道而行，这是不当强之强，圣人岂能这样做啊？圣人是按道义行事，这就能择善。所谓半途而废，是指力不足而言，此种情况是说聪明足以知道如何，而行动却达不到，这是应当做到强而却不强的。已就是停止。圣人对这一点，并非是勉强自己去做而不敢废止，而是因为内心的真诚永不停息，自然就不能停止了。

点 评

　　把道理讲得玄而又玄,做出各种怪诞行为,这些欺世盗名的做法,根本不合中庸之道的规范,自然是圣人所不齿的。遵照正确的道路,走到一半又停止下来,这是不及的行为,也是圣人所不欣赏的。唯有持守中庸之道,不为名利所困扰,这才是圣人所赞赏并身体力行的。以上几章引述孔子的言论,反复申说首章所提出的"中和"(中庸)这一概念,弘扬中庸之道。

第十二章

这章用"费、隐"讲道德不可离,"费、隐"后来成为哲人讨论的范畴。

君子之道费而隐①。夫妇之愚②,可以与知焉③,及其至也④,虽圣人亦有所不知焉。夫妇之不肖,可以能行焉,及其至也,虽圣人亦有所不能焉。天地之大也,人犹有所憾⑤。故君子语大,天下莫能载焉;语小,天下莫能破焉⑥。《诗》云⑦:"鸢飞戾天⑧,鱼跃于渊⑨。"言其上下察也⑩。君子之道,造端乎夫妇⑪,及其至也,察乎天地。

【注释】

①费:指用途广大。 隐:指体的精微。
②夫妇:匹夫匹妇,指普通男女。
③与:动词,参与。
④至:极至,最精妙处。
⑤憾:遗憾,不满。
⑥破:分开。
⑦《诗》云:此诗引自《诗经·大雅·旱麓》篇。
⑧鸢(yuān):鹰。 戾:到达。

⑨跃:跳动。 渊:深水。
⑩察:昭著,明显。
⑪造端:开始。

【译文】

　　君子坚守的道,用途广大而又体段精微。一般来说愚夫愚妇,也是可以知道的,但到了最精微的境界,即便是圣人也有弄不清的地方。普通男女虽然不贤明,也是可以实行君子之道的;但若是最精妙的境界,即便是圣人也有做不到的地方。天地如此之大,但人们对天地仍有不满足的地方。所以,君子说到"大",就大得连整个天下都载不下;君子说到"小",就小得连一点儿也分不开。《诗经·大雅·旱麓》说:"老鹰飞向天空,鱼儿跃入深渊。"这是说君子之道,和鹰飞鱼跃一样,由上到下,显明昭著。君子的道,是从普通的男女所能懂能行的地方开始;但到了最高深精妙的境界,却能够明察天地间的一切事物。

扩展阅读

费、隐

　　子思引此诗以明化育流行,上下昭著①,莫非此理之用,所谓费也。然其所以然者,则非见闻所及,所谓隐也。

([南宋]朱熹《四书集注》)

【注释】

①昭著:彰明,明显。

【译文】

子思引此诗是用来说明天下感受教化十分快速,上下四方都很明了,说到底是理的运用,这就从广袤性而言。但所以能如此的那个理是看不到,听不着的,这是就隐蔽性说的。

点 评

这一章又回到第一章"道不可离"之意,以下八章都是围绕这一中心而展开的。用朱熹的话来说,即"杂引孔子之言以明之"。

这里首先提出费、隐两个概念。费,指道的普遍性以及用途的广泛性。隐,指道体的精微性与隐秘性。正因为人与道不可须臾离开,所以,道就应该有普遍的可适应性,连普通男女都可以知道,可以学习,也可以践行。但是,知道是一回事,一般性地践行是一回事,要彻底了解,进入其高深境界,则又另当别论了。所以,道又必须有精微奥妙的一面,供人们进行深造,进行创造性的实践。道是普遍的,无法用大小衡量它,因它其大无外,其小无内,这就是费。但道之理,则隐而无现,所以圣人也有所不知不能。所以道是从普通男女间最基本人伦开始的,直到弥贯天地。

第十三章

这章是讲道,强调忠恕离道不远。

【名句】

道不远人。

子曰:"道不远人。人之为道而远人,不可以为道。《诗》云①:'伐柯伐柯②,其则不远③。'执柯以伐柯,睨而视之④,犹以为远。故君子以人治人⑤,改而止。忠恕违道不远⑥,施诸己而不愿,亦勿施于人。君子之道四,丘未能一焉:所求乎子以事父,未能也;所求乎臣以事君,未能也;所求乎弟以事兄,未能也;所求乎朋友先施之,未能也。庸德之行⑦,庸言之谨⑧,有所不足,不敢不勉,有余不敢尽。言顾行,行顾言,君子胡不慥慥尔⑨?"

【注释】

①《诗》云:此诗引自《诗经·豳风·伐柯》篇。
②伐柯:砍削斧柄。柯,斧柄。
③则:法则,这里指斧柄的式样。

④睨（nì）：斜视。
⑤以人治人：以人固有之道来治理人。朱熹注："若以人治人，则所以为人之道各在当人之身，初无彼此之别。故君子之治人也，即以其人之道，还治其人之身。其人能改，即止不治。"
⑥违道：离道。违，离。
⑦庸德：平常的道德。
⑧庸言：平常的言语。
⑨胡：何，怎么。 慥慥（zào）：忠厚诚实的样子。

【译文】

孔子说："道是不能离开人的。如果有人实行道却离开人，那就不可能实行道了。《诗经·豳风·伐柯》说：'砍削斧柄，砍削斧柄，斧柄的式样就在眼前。'握着斧柄砍削树木来做斧柄，应该说不会有什么差异，但如果你斜眼一看，还会以为差异很大。所以君子根据为人的道理来治理人，只要他能改正错误实行道就行。一个人做到忠恕，离道也就不远了。什么叫忠恕呢？自己不愿意的事，也不要施加给别人。君子的道有四项，我孔丘连其中的一项也没有能够做到：用我所要求儿子侍奉父亲的标准来孝顺父亲，我没有能够做到；用我所要求臣下服事君王的标准来竭尽忠诚，我没有能够做到；用我所要求的弟弟对哥哥做到的敬重恭顺，我没有能够做到；用我所要求朋友应该先做到的，我没有能够做到。实践平常的道德，谨慎平常的言论，还有不足的地方，不敢不再努力；言谈要留有余地，不说过头话。言论要符合自己的行为，行为要符合自己的言论，这样的君子怎么会不忠厚诚实呢！"

扩展阅读

忠 恕

尽己之心为忠①，推己及人为恕。

（〔南宋〕朱熹《四书集注》）

【注释】

①尽己：尽到己心。

【译文】

把自己的心意都尽到就是忠，以自己所想所要推及到别人，这就是恕。

点 评

道不可须臾离的基本条件是"道不远人"。因为人人按照自己本性行事，人人皆能知能行。就好比一条大道，所有的人都可以行走。相反，如果不从自己脚下走起，而是把道弄得离奇高远，则无法实践道了。用斧子砍一个斧把，样子就在你的手里，可你不正眼看它，还以为样子在很远的地方呢。所以君子只是从人身具有的本性出发，教化人，能改正错误就可以了。

那么人道是什么呢？如"忠恕"就是。它要求设身处地、将心比心地为他人着想，自己不愿意的事，也不要施加给他人。为人要先严格要求自己，像孔子那样从君臣、父子、兄弟、朋友四大人伦方面反省自己，从日常身边的言行做起，符合中道，不萎缩，不极端，言行一致，这就是一个很笃实的人啊。

第十四章

这是讲反求诸己的修养方法。

【名句】

上不怨天,下不尤人。

君子素其位而行①,不愿乎其外②。素富贵,行乎富贵;素贫贱,行乎贫贱;素夷狄③,行乎夷狄;素患难,行乎患难。君子无入而不自得焉④。在上位,不陵下⑤;在下位,不援上⑥。正己而不求于人,则无怨。上不怨天,下不尤人⑦。故君子居易以俟命⑧,小人行险以侥幸⑨。子曰:"射有似乎君子⑩,失诸正鹄⑪,反求诸其身。"

【注释】

①素:平素、现在的意思,这里作动词用。
②愿:羡慕。
③夷:指东方的部族。 狄:指西方的部族。泛指当时的少数民族。
④无入:无论处于什么情况下。
⑤陵:欺侮。
⑥援:攀援,本指抓着东西往上爬,引申为投靠有势力的人。

⑦尤：抱怨。
⑧居易：居于平易安全的境地，也就是安居现状的意思。　俟（sì）命：等待天命。
⑨行险：冒险。
⑩射：指射箭。
⑪正鹄（gǔ）：指画在箭靶子中心的圆圈。画在布上的叫正，画在皮上的叫鹄。

【译文】

　　君子安于现在所处的地位去做应做的事，不羡慕这以外的事情。处于富贵的地位，就做富贵人应做的事；处于贫贱的状况，就做贫贱人应做的事；处于夷狄的地位，就做夷狄应做的事；处于患难之中，就做患难之中应做的事。君子无论处于什么情况下都是安然自得的。处于上位，不欺侮在下位的人；处于下位，不攀援在上位的人。端正自己而不苛求别人，这样就不会有什么抱怨了。上不抱怨天，下不抱怨人。所以，君子安居现状来等待天命，小人却铤而走险妄图获得非分的东西。孔子说："君子立身处世就像射箭一样，射不中靶子，要回过头来寻找自身技艺的问题。"

扩展阅读

仁者如射

仁者如射①，射者正己而后发；发而不中，不怨胜己者，反求诸己而已矣。

（《孟子·公孙丑上》）

【注释】
①射：射箭。

【译文】
　　有仁德的人就像射箭的人，射箭的人都是把自己端正了，再发箭矢，箭矢发出，不中标的，不会抱怨那些胜过自己的人，只是反思自己射术的不足。

点　评

　　这里讲的是儒家为己之学。"为己"就是要不断提升自己的道德品质，这是君子依靠自身的力量就能做到的。宋儒说命有两种，一是天赋的道德，人人都有，在于个人努力。一是富贵、贫贱、寿夭，也是天生的，有时靠努力也无法改变。所以君子要努力提升自己的道德，但对后一种天命只能不去计较，心安理得地对待它。

　　一个人生下来，会碰到许多先天条件，自己无法安排，可能遇到富贵，也可能遇到贫贱，也可能生在夷狄，也可能处于患难。无论条件怎么样，都要做自己该做的事。损害自己的道德，向上爬，有些不值得。处富贵者，不欺负人；处贫贱者，不攀附人，这样就不会遭到嫉妒和怨恨。不抱怨别人，也不抱怨客观环境，一如既往地做事，达不到目的反身求己，这样才是君子。

　　儒家的命定论，凸显道德、道义的至上性，使人适应环境，不那么患得患失，但忽略了社会环境的改造。实际上人的社会地位也是可以改变的，关键在于能否把握机遇和是否具有足够的聪明才智。但一切都要从自己的现状出发，不能不切实际，好高骛远，自己折磨自己。

第十五章

这是讲释庸为常的理由。

【名句】

君子之道,辟如行远必自迩,辟如登高必自卑。

君子之道,辟如行远必自迩①,辟如登高必自卑②。《诗》曰③:"妻子好合④,如鼓瑟琴⑤。兄弟既翕⑥,和乐且耽⑦。宜尔室家⑧,乐尔妻帑⑨。"子曰:"父母其顺矣乎⑩!"

【注释】

①辟:通"譬"。 迩:近。
②卑:低处。
③《诗》曰:此诗引自《诗经·小雅·常棣》篇。
④好合:和睦。
⑤鼓:弹奏。
⑥翕(xī):和顺,融洽。
⑦耽:《诗经》原作"湛",安乐。
⑧宜:安。
⑨帑(nú):通"孥",儿子。

⑩顺：安乐舒畅。

【译文】

君子实行中庸之道，就像走远路一样，必定要从近处开始；就像登高山一样，必定要从低处起步。《诗经·小雅·常棣》篇说："与妻子和和睦睦，就像弹琴鼓瑟一样。兄弟关系融洽，和顺又快乐。使你的家庭美满，使你的妻儿幸福。"孔子赞叹说："这样，父母也就称心如意了啊！"

扩展阅读

步步着实

晋陵喻氏曰①："譬如行远必自迩，譬如登高必自卑，步步着实，何忧乎迩之不远，卑之不高哉？"

（〔南宋〕卫湜《礼记集说》卷一百二十八）

【注释】

①晋陵喻氏：晋陵，江苏常州。喻氏，喻樗（chū），字子才，卫湜称字良能，宋人。为《中庸》《大学》《论语》作解。

【译文】

晋陵喻氏说："如同走远路必须从近处开始，如同登高山必须从低处起步，只要步步落实，不用忧虑不能走远，不用忧虑不能登高。"

点 评

中庸，是平平常常的道理，融合于人们的日用之中。一切从自己做起,从自己身边切近的地方做起。从近到远,从低到高,一步一步,踏踏实实。老子说:"千里之行,始于足下。"荀子说:"不积跬步,无以至千里;不积细流,无以成江海。"都是"行远必自迩,登高必自卑"的意思。社会是无数个家庭组成的,所以要在天下实行中庸之道,首先得和顺自己的家庭。家庭要想好,主要是要做到夫妻和睦,兄弟融洽,父母安康,这样家庭才会幸福、快乐。如果大家都像乌眼鸡似的,争争吵吵,即使富贵也不会快乐。这也是《大学》所讲的修、齐、治、平,循序渐进的道理。

第十六章

这章是用鬼神说道。

子曰:"鬼神之为德①,其盛矣乎!视之而弗见,听之而弗闻,体物而不可遗②。使天下之人,齐明盛服③,以承祭祀,洋洋乎④!如在其上,如在其左右。《诗》曰⑤:'神之格思⑥,不可度思⑦,矧可射思⑧。'夫微之显⑨,诚之不可掩如此夫⑩!"

【注释】

①神:这里大概是讲的人格神,但宋儒张载却说:把鬼神气化,说成气的功效。 为德:朱熹说:"犹言性情功效。"
②体物:体察、生养万物。
③齐:通"斋",斋戒。 明:洁净。 盛服:即盛装。
④洋洋乎:流动充满之意。
⑤《诗》曰:此诗引自《诗经·大雅·抑》篇。
⑥格思:来临。思,语气词。
⑦度:揣度。
⑧矧(shěn):况且。 射(yì):《诗》作"斁",厌,指厌怠不敬。
⑨微之显:指鬼神之事既隐微又明显。
⑩掩:掩盖,遮掩。

【译文】

孔子说:"鬼神的功德那可真是大得很啊!虽然看它也看不见,听它也听不到,但它的功德却体现在万物上无所遗漏。使天下的人都斋戒净心,穿着庄重整齐的服装来祭祀它,这时鬼神的形象流动充满其间,好像就在你的头上,好像就在你的左右。《诗经·大雅·抑》说:'神的降临,不可测度,怎么能够怠慢不敬呢?'鬼神从隐微到功德显著,是这样的真实无妄而不可掩盖啊!"

扩展阅读

鬼 神

程子曰:"鬼神,天地之功用,而造化之迹也①。"张子曰②:"鬼神者,二气之良能也③。"愚谓以二气言,则鬼者阴之灵也,神者阳之灵也。以一气言,则至而伸者为神,反而归者为鬼,其实一物而已。

([南宋]朱熹《四书集注》)

【注释】

①造化:指自然的创造化育。
②张子:指张载,字子厚,今陕西眉县人,人称横渠先生。北宋哲学家,理学创始人之一。
③良能:自然的能力。

【译文】

程子说:"鬼神是天地的功能作用,是创造化育留下的痕迹。"张子说:"鬼神是阴阳二气产生的能力。"我以为从阴阳二气方面说,鬼就是阴气的功能,神就是阳气的功能。从一气角度说,来而又伸张者是神,走而又回归者为鬼。其实都是气这一种东西。

点 评

这一章借鬼神来说明道,道是无所不在的,道是真实无妄的,道是"不可须臾离"的,人们必须用诚心对待它。另一方面,也是照应前第十二章,说明"君子之道费而隐",广大而又精微。看不见、听不到的是"隐",是精微;但它却体现在万物之中,使人无法离开它,是"费",是广大。这就是"至广大而尽精微"。

第十七章

朱熹认为这章是讲费的大者。本章称颂了舜大孝。

【名句】

大德者必受命。

子曰:"舜其大孝也与!德为圣人,尊为天子,富有四海之内,宗庙飨之①,子孙保之②。故大德必得其位,必得其禄,必得其名,必得其寿。故天之生物,必因其材而笃焉③。故栽者培之④,倾者覆之⑤。《诗》曰⑥:'嘉乐君子⑦,宪宪令德⑧。宜民宜人,受禄于天。保佑命之,自天申之⑨。'故大德者必受命。"

【注释】

①庙:古代天子、诸侯祭祀先王的地方。 飨(xiǎng):一种祭祀形式。 之:代词,指舜。
②子孙:指舜的后代虞思、陈胡公等。
③材:资质,本质。 笃:厚。
④培:培育。
⑤覆:倾覆,摧败。
⑥《诗》曰:此诗引自《诗经·大雅·假乐》篇。
⑦嘉乐:今本《诗经》作"假乐",假通"嘉",意为美善。

⑧宪宪：今本《诗经》作"显显"，显明兴盛的样子。
令德：美好的德行。
⑨申：重申。

【译文】

孔子说："舜可以说是个大孝之人了吧！论德行他是圣人，论地位他是尊贵的天子，论财富他拥有整个天下，后世在宗庙里祭祀他，子子孙孙都保持他的功业。所以，有大德的人必定得到他应得的地位，必定得到他应得的财富，必定得到他应得的名声，必定得到他应得的寿数。所以，上天生养万物，必定根据它们的资质而厚待它们。能成材的得到培育，不能成材的就遭到淘汰。《诗经·大雅·假乐》说：'高尚优雅的君子，有光明美好的德行。让人民安居乐业，享受上天赐予的福禄。上天保佑他，任用他，给他以重大的使命。'所以，有大德的人必定会承受天命。"

扩展阅读

孝 悌

吕氏曰：中庸之行，孝悌而已。如舜之德位，皆极流泽之远①，始可谓尽孝，故禄位名寿之必得，非大德其孰能致之？

（〔南宋〕真德秀《中庸集编》）

【注释】
①流泽：散布的恩德。

【译文】

吕氏说：中庸这种德行，就是敬爱父母的孝，尊重兄长的悌而已。如舜帝德高位重，散布的恩德极远，才可以称为孝,所以俸禄、地位、名望、年寿,必然能得到,如果不是有高尚的道德,谁能让它来呢。

点 评

　　孝是最基本的德行,儒家认为推行孝于天下就是为政。《论语·为政》有"或谓孔子曰:'子奚不为政?'子曰:'《书》云:孝乎惟孝,友于兄弟,施于有政。是亦为政,奚其为为政?'"本篇思想和孔子思想一脉相通。舜遇到了可怕的家庭环境,父亲和弟弟要害他,但舜没有放弃孝德和友爱。因此由于道德高尚被看成圣人,不仅如此,还获得了至高的地位和与四海相比的财富,本人的生命也得到了延长,传说活到一百一十岁。位、禄、名、寿都得到了。作者认为自然规律必然如此,天是生物的,但必须因其材质而下功夫,能生的才能培植,不能生的自然覆灭。《诗经》里早就说过,那些有美好德行的人,会为民众做好事,所以也会得到天的保佑。因此有大德的人必然获得至高无上的权位。在这里,作者突出道德的至上性,但并不排除权利、名位、财富、福禄、长寿等世俗人们所倾慕的东西,只不过和德行连在一块了。对"大德者必受命"这个结论,后儒提出许多怀疑,他们以孔子为例,孔子是有"大德"的人,并没有获得最高的权力地位。对此疑问,虽说也有人百般打圆场,但也无法释疑。

第十八章

这章是讲文王、武王、周公之德。

【名句】

父母之丧,无贵贱一也。

子曰:"无忧者其惟文王乎①!以王季为父②,以武王为子③;父作之④,子述之⑤。武王缵大王、王季、文王之绪⑥,壹戎衣而有天下⑦。身不失天下之显名,尊为天子,富有四海之内,宗庙飨之,子孙保之。武王末受命⑧,周公成文武之德⑨,追王大王、王季⑩,上祀先公以天子之礼。斯礼也,达乎诸侯大夫,及士庶人。父为大夫,子为士,葬以大夫,祭以士。父为士,子为大夫,葬以士,祭以大夫。期之丧⑪,达乎大夫。三年之丧,达乎天子。父母之丧,无贵贱一也。"

【注释】

①文王:指周文王。
②王季:周文王的父亲,名季历,周武王即位,封为王季。
③武王:周文王的儿子,名发,谥号武。

④作：创业。
⑤述：继承。
⑥缵（zuǎn）：继续。　大王：即王季的父亲古公亶父。
　绪：事业。
⑦壹戎衣：一著戎衣以讨伐商纣。
⑧末：晚年。
⑨周公：周武王的弟弟，名旦，辅武王伐纣。　成文武之德：
　成就了文王、武王的德业。
⑩追王（wàng）：追尊……为王。
⑪期（jī）之丧：指一年的守丧之期。

【译文】

　　孔子说："没有忧愁的人，大概只有周文王了吧！他有王季这样的父亲，有武王这样的儿子；父亲开创了帝王的基业，儿子继承了他的事业。武王继承了太王古公亶父、王季、周文王的功业，身着战袍讨伐商纣王，一举夺取了天下。他本身没有失掉显扬天下的美名，成为尊贵的天子，拥有四海之内的疆土，社稷宗庙祭祀他，子子孙孙永保周朝王业。武王晚年才承受天命，及至周公才成就了文王、武王的德业，追尊太王、王季为王，又用天子之礼祭祀历代祖先。而且将这种礼制，推行到诸侯、大夫、士和庶人。按照这种礼制，如果父亲身为大夫，儿子身为士，父亲死后，用大夫礼安葬，用士礼祭祀；如果父亲身为士，儿子身为大夫，父亲死后，就用士礼安葬，用大夫礼祭祀。服丧一周年的丧制，从平民通行到大夫为止。服丧三年的丧制，从庶民一直通行到天子。为父母服丧，不论身份贵贱，服期都是一样的。"

扩展阅读

文武周公之事

此章以文、武、周公之事,继大舜而言,皆圣人所行者,见道之费[①],而无不合于中庸之道。

([元]景星《中庸集说启蒙》卷上)

【注释】

①道之费:指道的广袤性。

【译文】

　　这章以文王、武王、周公的事迹,接续大舜来说,都是圣人所践行的,可以体现道的广袤性,而且合乎不离人伦物理的中庸之道。

点 评

本篇由舜讲到周代,作者认为周代先王积德累仁,特别是文王更为突出。至武王,虽说以武力获得天下,但名望并没有丧失,获得了尊荣、权位、财富,以及子孙长久的祭祀。周公成就了文王、武王的事业,制礼作乐,从天子推及到普通百姓。通篇都是讲德,和上文"大德必得其位"相通,核心还是同孝相连。

第十九章

这章是讲武王、周公之孝。

子曰:"武王、周公,其达孝矣乎①!夫孝者:善继人之志,善述人之事者也。春秋修其祖庙②,陈其宗器③,设其裳衣④,荐其时食⑤。宗庙之礼,所以序昭穆也⑥;序爵⑦,所以辨贵贱也;序事⑧,所以辨贤也;旅酬下为上⑨,所以逮贱也⑩;燕毛⑪,所以序齿也。践其位,行其礼,奏其乐,敬其所尊,爱其所亲,事死如事生,事亡如事存,孝之至也。郊社之礼,所以事上帝也。宗庙之礼,所以祀乎其先也。明乎郊社之礼、禘尝之义⑫,治国其如示诸掌乎⑬!"

【注释】

①达孝:天下人通认为他孝。达,通。
②春秋:本指季节,此指祭祀祖先的时节。
③陈其宗器:陈列先世所藏之重器,如赤刀、大训、天球、河图之属。
④裳衣:先祖遗留的衣服。
⑤荐其时食:进献时令食品。
⑥昭穆:宗庙中神主排列的次序,一般始祖居中,以下父子按

左昭右穆顺序排列。
⑦序爵：依照爵位高低排列。
⑧序事：排列宗祝有司的职事。
⑨旅酬：众人举杯劝酒。旅，众。酬，以酒相劝。
⑩逮贱：祖先的恩惠下达到卑贱者。
⑪燕毛：宴饮时，依照毛发的颜色区分长幼的次序。燕，同"宴"。
⑫禘（dì）尝：此代指四时祭祀。禘，天子宗庙举行的隆重祭礼。尝，秋祭。
⑬示诸掌：目视放置在手掌上的东西，指容易看见。示，通"视"。

【译文】

　　孔子说："周武王和周公，天下人都认为他们是最孝的人了吧！这样的孝，指的是善于继承先人的遗志，善于继续先人未竟的事业。每逢春秋举行祭祀之时，修整祖庙，陈列祭器，摆设先人的衣裳，供奉时令食品。宗庙中的祭礼，是用以序列左昭右穆各个辈分的；序列爵位，是用以辨别身份贵贱的；安排祭祀中各种职事，是用以判断子孙才能的；祭后众人轮流举杯劝酒时，晚辈向长辈敬酒，是用以显示先祖的恩惠下达到地位低贱者的身上的；祭毕宴饮时，依照头发的黑白来排列座次，是用以区分长幼次序的。供奉好先王的牌位，举行先王留下的祭礼，演奏先王时代的音乐，敬重先王尊敬的祖宗，爱护先王所爱的子孙臣民，侍奉死者如同他活着时一样，侍奉亡故的如同他在世时一样，这就是孝道的极至了。祭祀天地的礼节，是用来侍奉上帝的；祭祀宗庙的礼节，是用来祭祀自己祖先的。明白了祭天祭地的礼节和四时举行禘尝诸祭的意义，那么治理国家就如同观看手掌上的东西一样清楚简易了。"

扩展阅读

禘之说

或问禘之说。子曰:"不知也。知其说者之于天下也,其如示诸斯乎①!"指其掌。

(《论语·八佾》)

【注释】

①诸:之于的合音。 斯:此。

【译文】

有人问禘礼,孔子说:"我不知道。知道这种礼仪的人对于治理天下,就好像把东西摆在这里一样容易!"一面说,一面指着手掌。

点 评

这里仍接上章,说武王、周公是大孝。孝的最重要特点是能继承先人遗志,把先人事业发展下去。子曰:"父在,观其志;父没,观其行;三年无改于父之道,可谓孝矣。"(《论语·学而》)曾子曰:"吾闻诸夫子,孟庄子之孝也,其他可能也;其不改父之臣与父之政,是难能也。"(《论语·子张》)都是讲继承遗志。这里所不同的是突出祭祀礼乐,"慎终追远,民德归厚"(《论语·学而》),以孝治天下,治国就像看自己手掌那么容易。

第二十章

这是重点篇章,提出了五达道、三达德、治国九经、诚与诚之等天道人道问题,同时也提出学问思辨行等治学原则。

哀公问政①。子曰:"文武之政,布在方策②。其人存③,则其政举;其人亡,则其政息④。人道敏政⑤,地道敏树。夫政也者,蒲卢也⑥。故为政在人,取人以身,修身以道,修道以仁。仁者,人也,亲亲为大⑦。义者,宜也,尊贤为大。亲亲之杀⑧,尊贤之等,礼所生也。在下位不获乎上,民不可得而治矣⑨。故君子不可以不修身。思修身,不可以不事亲;思事亲,不可以不知人;思知人,不可以不知天。"

【注释】
①哀公:春秋时鲁国国君。姓姬,名蒋。"哀"为谥号。
②布:陈列。 方:书写用的木板。 策:书写用的竹简。
③其人:指文王、武王。
④息:灭,消失。
⑤敏:迅速。指各种政策的快速推行。
⑥蒲卢:即芦苇。芦苇性柔而生长迅速。
⑦亲亲:前者为动词,作亲爱解;后者是名词,指亲人,如父母等。

⑧杀(shài):等差。
⑨在下位不获乎上,民不可得而治矣:郑玄说:"此句在下,误重在此。"郑说是,当删。

【译文】

鲁哀公向孔子询问政治。孔子说:"周文王、周武王的政治措施,都记载在典籍上了。这样的贤人在世,这些政事就能实施;他们去世,这些政事也就废弛了。贤人治理国家,政事就能迅速推行;沃土植树,树木就能快速生长。政事就像芦苇生长一样快速容易。所以处理好政事完全取决于用什么人。要得到适用的人在于修养自身,修养自身在于遵循道德,遵循道德要以仁为本。仁,就是人自身具有爱人之心,亲爱亲人是最大的仁。义,就是事事做得适宜,尊重贤人是最大的义。亲爱亲人要分亲疏,尊重贤人要有等级,这就产生了礼。所以,君子不可以不修身,想要修身,不能不侍奉父母亲人;要侍奉父母亲人,不能不了解人;想要了解人,不能不知道天理。"

天下之达道五①,所以行之者三。曰君臣也,父子也,夫妇也,昆弟也②,朋友之交也：五者,天下之达道也。知、仁、勇三者,天下之达德也③。所以行之者一也。或生而知之,或学而知之,或困而知之,及其知之一也。或安而行之,或利而行之,或勉强而行之,及其成功一也。子曰："好学近乎知,力行近乎仁,知耻近乎勇。知斯三者,则知所以修身；知所以修身,则知所以治人；知所以治人,则知所以治天下国家矣。"

【注释】
①达道：天下古今共同遵循的道理。
②昆弟：兄和弟,也包括堂兄堂弟。
③达德：天下古今人应共同具备的德性。一指诚。

【译文】
　　天下共通的人道有五条,用来实行这五条人道的德行有三种。这就是君臣之道、父子之道、夫妇之道、兄弟之道、朋友之道,这五项是天下共通的人道。智、仁、勇三种是天下共通的品德,用来履行这五条人道,这三种品德的实施效果都是一致的。对这些道理,有的人生来就知晓,有的人通过学习才知晓,有的人经历了困苦才知晓,但只要他们最终都知道了,也就是一样的了。对于这些道理的实行,有的人心安理得地去做,有的人因为名利才去做,有的人被迫勉强去做,到最后成功了都是一样的。孔子说："爱好学习就接近智了,努力行善就接近仁了,知道羞耻就接近勇了。知道这三点,就知道怎样修养自己；知道怎样修养自己,就知道怎样治理他人；知道怎样治理他人,就知道怎样治理天下和国家了。"

凡为天下国家有九经①,曰:修身也,尊贤也,亲亲也,敬大臣也,体群臣也②,子庶民也③,来百工也④,柔远人也⑤,怀诸侯也⑥。修身则道立,尊贤则不惑,亲亲则诸父昆弟不怨,敬大臣则不眩⑦,体群臣则士之报礼重⑧,子庶民则百姓劝⑨,来百工则财用足,柔远人则四方归之,怀诸侯则天下畏之。

【注释】

①为:治理。 九经:九条准则。
②体:体察,体恤。
③子庶民:以庶民为子,如父母爱其子。
④来:招来。 百工:各种工匠。
⑤柔远人:优待边远地方来的人。
⑥怀:安抚。
⑦不眩:不迷惑。
⑧报:回报。
⑨劝:勉励。

【译文】

　　凡是治理天下国家有九条原则。那就是:修养自身,尊重贤人,亲爱亲人,敬重大臣,体恤群臣,爱民如子,招纳工匠,优待远客,安抚诸侯。修养自身,就能确立正道;尊重贤人,就不会思想困惑;亲爱亲族,就不会惹得叔伯兄弟怨恨;敬重大臣,遇事就不会迷惑;体恤群臣,士人们的回报就会更加厚重;爱民如子,老百姓就会努力工作;招纳工匠,财物就会充足;优待远客,四方之人就会归顺;安抚诸侯,天下的人都会敬畏了。

齐明盛服①,非礼不动,所以修身也;去谗远色②,贱货而贵德,所以劝贤也;尊其位,重其禄,同其好恶,所以劝亲亲也;官盛任使③,所以劝大臣也;忠信重禄,所以劝士也;时使薄敛④,所以劝百姓也;日省月试⑤,既廪称事⑥,所以劝百工也;送往迎来,嘉善而矜不能⑦,所以柔远人也;继绝世⑧,举废国⑨,治乱持危⑩,朝聘以时⑪,厚往而薄来,所以怀诸侯也。

【注释】

①齐明盛服:斋戒沐浴,使身心洁净,身穿盛装。齐,通"斋"。
②谗:说别人的坏话,这里指说坏话的人。
③官盛任使:官员众多,足够听差遣使用。
④时使:指役使百姓不误农时。 薄敛:赋税轻。
⑤省(xǐng):省察。 试:考核。
⑥既(xì)廪(lǐn)称事:发给的薪水粮米与工作业绩相称。既廪,即"饩廪",指薪水粮食。称,符合。
⑦矜:怜悯,同情。
⑧继绝世:延续已经中断的家庭世系。
⑨举废国:复兴已经没落的邦国。
⑩持:扶持。
⑪朝聘:诸侯定期朝见天子。每年一见叫小聘,三年一见叫大聘,五年一见叫朝聘。

【译文】

像斋戒那样净心虔诚,穿着庄重整齐的服装,不符合礼仪的事坚决不做,这就是修养自身的原则。驱除小人,疏远女色,看轻财物而重视德行,这就是尊崇贤人的原则。提高亲族的爵位，给他们以丰厚的俸禄，与他们爱憎相一致，这就是亲爱亲族的原则。官员众多足供任使，这就是劝勉大臣的原则。真心诚意地任用他们，并给他们丰厚的俸禄，这就是奖劝士人的原则。使民服役不误农时，少收赋税，这就是勉励百姓的原则。每天省察，每月考核，付给他们的薪水粮米与他们的业绩相称，这就是奖劝工匠的原则。来时欢迎，去时欢送，嘉奖有善行的人，怜恤能力差的人，这就是优待远客的原则。延续绝嗣的家族，复兴灭亡的小国，治理祸乱，扶持危弱，按时接受诸侯朝见聘问，赠送丰厚，纳贡菲薄，这就是安抚诸侯的原则。

凡为天下国家有九经①，所以行之者一也。凡事豫则立②，不豫则废。言前定则不跲③，事前定则不困，行前定则不疚④，道前定则不穷。

【注释】

①九经：九条常规。
②豫：通"预"。预备，准备。
③跲（jiá）：绊倒。此处指说话不顺畅。
④疚：惭愧。

【译文】

总而言之，治理天下和国家有九条原则，但实行这些原则的方法却有一个。任何事情，事先有准备就会成功，没有准备就会失败。说话先有准备，就不会语言不畅；做事先有准备，就不会出现困窘；行动先有准备，就不会后悔；道路预先选定，就不会走投无路。

在下位不获乎上，民不可得而治矣。获乎上有道：不信乎朋友，不获乎上矣。信乎朋友有道：不顺乎亲，不信乎朋友矣。顺乎亲有道：反诸身不诚，不顺乎亲矣。诚身有道：不明乎善，不诚乎身矣。

【译文】

在下位的人，如果得不到在上位的人信任，就不可能治理好民众。得到在上位的人信任是有方法的：得不到朋友的信任，就得不到在上位的人信任。得到朋友的信任是有方法的：不能让父母顺心，就得不到朋友的信任。让父母顺心是有方法的：反省自己不真诚，就不能让父母顺心。使自己真诚是有途径的：不明白什么是善，就不能够使自己真诚。

诚者，天之道也；诚之者，人之道也。诚者，不勉而中，不思而得，从容中道，圣人也。诚之者，择善而固执之者也。博学之，审问之①，慎思之，明辨之②，笃行之③。有弗学④，学之弗能弗措也⑤；有弗问，问之弗知弗措也；有弗思，思之弗得弗措也；有弗辨，辨之弗明弗措也；有弗行，行之弗笃弗措也。人一能之，己百之；人十能之，己千之。果能此道矣，虽愚必明，虽柔必强。

【注释】

①审问：审慎地探问。
②明辨：明晰地分辨。
③笃行：笃实地履行。
④弗：不。
⑤弗措：不罢休，不停止。

【译文】

　　真诚，是上天的原则；追求真诚，是做人的原则。天生真诚的人，不用勉强就能做到，不用思考就能拥有，从从容容就能符合中庸之道，这是圣人啊。努力做到真诚的人，就是选择好善的目标执著追求的人。广泛学习，详细询问，周密思考，明确辨别，切实实行。要么不学，学了没有学会绝不罢休；要么不问，问了没有明白绝不罢休；要么不想，想了没有所得绝不罢休；要么不分辨，分辨了没有明确绝不罢休；要么不实行，实行了没有笃实绝不罢休。别人用一分努力就能做到的，我用一百分的努力去做；别人用十分的努力做到的，我用一千分的努力去做。如果真能够做到这样，虽然愚笨也一定可以聪明起来，虽然柔弱也一定可以刚强起来。

扩展阅读

包费隐、兼小大

　　此引孔子之言，以继大舜、文、武、周公之绪①，明其所传之一致，举而措之，亦犹是耳。盖包费隐、兼小大②，以终十二章之意。章内语诚始详，而所谓诚者，实此篇之枢纽也。

（〔南宋〕朱熹《四书集注》）

【注释】

①绪：统绪。
②费隐：费，见前注。隐，隐蔽，指道的隐蔽性与精粹性。

【译文】

　　这里是引孔子之言，用来接续大舜、文王、武王、周公的道统，说明他们先后相传一致，用它治理天下也是如此。这里涵盖了道的广袤性与隐秘精粹性，包括大的方面与小的方面,总结了十二章的意思。章内开始详细论证诚这种道德,这里所说的诚,实际是本篇的关键处。

点 评

这一章是《中庸》全篇的重点,接续前章。分几个层次,先从鲁哀公问政入手,借孔子的回答提出了为政准则——文武之道,讨论了政事与人的关系,人关键是道德修养,提出了德的内涵:仁、义、礼、智。并认为四者来源于天,是自然的道德法则。从而推导出天下人共有的君臣、父子、夫妇、兄弟、朋友五达道,突出了实践此达道的智仁勇三达德,这使人想到《论语·子罕》篇孔子所说的"知者不惑,仁者不忧,勇者不惧"。又从知行关系,论述如何学习实践三达德。提出生知、学知、困知,安行、利行、勉行三个等次,用孔子的话讲明好学、力行、知耻问题,认为知道这些,才知道如何修身,也知道了治人和治理天下国家的道理。"或生而知之,或学而知之,或困而知之,及其知之一也"这一思想来源于孔子,《论语·季氏》就有:"孔子曰:'生而知之者上也,学而知之者次也;困而学之,又其次也;困而不学,民斯为下矣。'"不过这里不同的是增加了行的内容。

其次,接上文提出了治理天下国家的九条原则,讨论了九条原则的重要性,以及如何实现九条原则。认为关键在于一个"诚"字。这和《大学》修齐治平有一致处。

再次,由诚引出天道和人道、圣人和凡人的问题。认为天道就是诚,即真实无妄。圣人和天道同一,是自然之诚。圣人不用勉力,不用思考,就可以从从容容达到中道。而人道往往不诚,必须经过自反,关键在于"择善而固执",即紧紧抓住一个"善"字。善当然包括仁义礼智四德。一般人,也就是学知、困知、利行、勉行之人,在学习时,要注意学、问、思、辨、行这些学习环节和原则,学要能够掌握,否则不停止。自己不知的要问别人,没有问明白不停止,问了以后要思考,没有自己的体会不停止。当然还要反复问辨,没有明确答案不停止。弄明白了,还要实行,不做到扎扎实实不停止。用比别人百倍的力量去做,即使愚蠢、柔弱,也会明智,也会坚强起来。强调学习必须靠毅力来完成。后来《荀子·劝学》里的名言"锲而舍之,朽木不折;锲而不舍,金石可镂",正是这种"人一能之,己百之;人十能之,己千之"的精神。学问思辨行,是历史上著名的学习原则和方法,《论语·子张》中也有雏形思想,如子夏说:"博学而笃志,切问而近思,仁在其中矣。"就同学问思辨行大体相类,不过同前面一样,《中庸》增加了力行的内容,而且内容更加丰富全面。

本章还有一些内容要进一步申明。文章首先谈的是政治问题。中国一直是一个政治型的社会,政治在社会生活中具有头等重要的地位,也是儒学探讨的头等话题。孔子把政治比作芦苇,取的是它推广迅速。孔子提出"为政在人"、人存政举、人亡政息的问题,的确政治往往随执政者不同而改变。强调执政者的修养,的确执政者修养不仅关乎政治成败,还关乎人民祸福。

其次提到的是五伦关系,今天除无君臣关系外,其他几项关系依然都是不能或缺的,有的还血肉相连,不可分割,这都提醒我们要正确处理而不可忽视。至于处理这几项关系的三种德行,智、仁当然是不言而喻的,而"知耻近乎勇"一点,值得多说几句。孟子说:"羞耻之心,人皆有之。"有了知耻心,才能有所不为,才能改正错误,弥补自己不足,才能迎头赶上他人,所以说"知耻近乎勇"。一个人如此,一个民族,一个国家,只有知道羞耻,才能够发愤图强,富民兴邦,自立于世界民族之林。

再次,关于预见性问题。"凡事豫则立,不豫则废。言前定则不跲,事前定则不困,行前定则不疚,道前定则不穷"。这实在是太重要了,未雨绸缪,防患于未然,是做任何事都必须考虑的,事后诸葛亮并不高明,前瞻性谋划,才是智者啊。

第二十一章

这是继续讲诚。

自诚明①,谓之性;自明诚,谓之教。诚则明矣②,明则诚矣。

【注释】
①自:从,由。 明:明白。
②则:即,就。

【译文】
　　由真诚而自然明白道理,这叫做天性;由明白道理后做到真诚,这叫做人为的教育。真诚也就会自然明白道理,明白道理后,也就会做到真诚。

扩展阅读

圣人之德与贤人之学

　　德无不实而明无不照者,圣人之德,所性而有者也①,天道也。先明乎善,而后能实其善者,贤人之学,由教而入者也,人道也。诚则无不明矣,明则可以至于诚矣。

(〔南宋〕朱熹《四书集注》)

【注释】

①所性而有者：性中天然具备的。

【译文】

道德真实无妄而又光明普照四方，这是圣人之德，这是生来性中具有的，这就是天的自然法则。先知道什么是善，而且能让自己善起来，这是贤能人的学问，这是由教化而形成的，这就是人修养的道路。只要真实无妄，就可以明察事理，如果做到明察事理，就会达到真实无妄。

点 评

"诚"就是真实无妄。从诚开始，便具有善，这是先天的性，和圣人对应。而一般人先明乎善，而后使善真实无妄，这是后天教育的结果。无论是天性还是后天人为的教育，只要做到了真诚，二者也就合一了。

第二十二章

这是讲至诚和性的关系及其价值。

唯天下至诚,为能尽其性①;能尽其性,则能尽人之性;能尽人之性,则能尽物之性;能尽物之性,则可以赞天地之化育②;可以赞天地之化育,则可以与天地参矣③。

【注释】
①尽其性:充分发挥本性。
②赞:赞助。 化育:化生和养育。
③与天地参:朱熹注:"谓与天地并立为三也。"参,并列。

【译文】
　　只有天下极其真诚的人,才能充分发挥他的本性;能充分发挥他的本性,就能充分发挥众人的本性;能充分发挥众人的本性,就能充分发挥万物的本性;能充分发挥万物的本性,就可以帮助天地化育生命;能帮助天地化育生命,就可以与天地并列为三了。

扩展阅读

尽　性

"天下至诚",谓圣人之德之实,天下莫能加也。"尽其性"

者，德无不实，故无人欲之私，而天命之在我者①，察之由之，巨细精粗，无毫发之不尽也。人、物之性，亦我之性，但以所赋形气不同而有异耳②。能尽之者，谓知之无不明而处之无不当也。赞，犹助也。"与天地参"，谓与天地并立为三也。此自诚而明者之事也。

（〔南宋〕朱熹《四书集注》）

【注释】

①天命之在我者：天所赋予人的道理。
②所赋形气：秉气而成形体。

【译文】

"天下至诚"，是说圣人道德的真实无妄，整个天下人没有比他更高的了。"尽其性"，是说道德真实无妄，所以没有个人欲望的膨胀，而天命赋予的道德我会明察它、践行它，巨细精粗，毫发之处都要做到。他人与万物之性，也是我之性，其区别只是因为秉气不同，形体差异所造成的。所谓"能尽之"者，是说对性全都明了，所以与其相处全都是得当的。"赞"，就是助理的意思。"与天地参"，是指人与天地并立为三。这是讲从真实无妄到明察的事。

点 评

知道了性，还要尽性。真诚者能把自己的善性发挥到极处，以这样的态度关怀人，也会使别人的善性发挥到极处。万物也会得到关照，也会得其所，遂其生。这样人类就可以帮助天地化育，使自己立于与天地并列为三的不朽地位。

第二十三章

这是讲善德积累和诚的关系。

其次致曲①,曲能有诚,诚则形②,形则著③,著则明④,明则动,动则变,变则化⑤,唯天下至诚为能化。

【注释】
①其次:次一等的人,即次于"自诚明"的圣人的人,也就是贤人以下之人。 致曲:致力于某一方面的善端。曲,偏,一个方面。
②形:这里指显露,表现。
③著:显著。
④明:光明。
⑤化:即化育。

【译文】
　　一般的人致力于某一个善端,致力于某一个善端,也能做到真诚。做到了真诚就会表现出来,表现出来就会逐渐显著,显著了就会发扬光大,发扬光大就会感动他人,感动他人就会引起转变,引起转变就能化育万物。只有天下最真诚的人能化育万物。

扩展阅读

致 曲

"其次",通大贤以下凡诚有未至者而言也。致,推致也。曲,一偏也①。

([南宋]朱熹《四书集注》)

【注释】
①一偏:一个方面的德行。

【译文】
"其次"以下,是指大贤以下,凡诚实有未到位的人而说的。"致",推开达到。"曲",指一个善处。

点 评

上章谈的是圣人,这章说的是一般的人。"曲"为一偏,也就是指贤人以下的人某一方面的善性,如对此能真诚发挥,就会充分表露,而且越来越光明显著,从而进一步凝聚感动他人的力量,感化他人向善。这样也可以和圣人一样了。

第二十四章

这是讲至诚的作用。

至诚之道,可以前知①。国家将兴,必有祯祥②;国家将亡,必有妖孽③。见乎蓍龟④,动乎四体⑤。祸福将至:善,必先知之;不善,必先知之。故至诚如神⑥。

【注释】
① 前知:预先知道。
② 祯(zhēn)祥:吉祥的预兆。
③ 妖孽:物类反常的事物。草木之类称妖,虫豸之类称孽。
④ 见(xiàn):同"现",呈现。 蓍(shī)龟:蓍草和龟甲,用来占卜。
⑤ 四体:四肢。
⑥ 如神:像鬼神一样微妙,不可言说。

【译文】
最高的真诚,可以预知未来。国家将要兴旺,必然有吉祥的征兆;国家将要衰亡,必然有不祥的反常现象。呈现在蓍草龟甲上,表现在手脚动作上。祸福将要来临时,是福可以预先知道,是祸也可以预先知道。所以最高的真诚就像神灵一样微妙。

扩展阅读

至诚前知

东阳许氏曰①:"至诚前知,亦必于动处见所谓几者②,动之微,吉凶之先见者也。圣人知来者如此,非有异也,故为中庸。"

(《四书大全·中庸章句大全》)

【注释】
① 东阳:郡名,即今浙江金华。 许氏:许谦,字益之,晚年以白云山人自号,世称白云先生。
② 几:隐微,细微。

【译文】
东阳许氏说:"所说的至诚能预知,也必须于发动处见到所谓隐微细小开端,发动之微细,是吉凶祸福先能见到的征象。圣人知未来事,只是如此,并非有什么特异的功能,因为平常所以才是中庸。"

点 评

心诚则灵。灵到能预知未来吉凶祸福的程度,这似乎有些夸大。"国家将兴,必有祯祥;国家将亡,必有妖孽"的现象,虽然历代的正史野史记载很多,但毕竟有点神秘。其实,撩开神秘的迷雾,这里的意思不外乎是说,由于心灵达到了至诚的境界,不被私心杂念所迷惑,就能洞悉世间万物的根本规律,因此能够预知未来的吉凶祸福、兴亡盛衰。一言以蔽之,无非是强调真诚的出神入化的功用罢了。

第二十五章

这里是讲要用诚来成己成物。

诚者自成也①,而道自道也。诚者物之终始,不诚无物。是故君子诚之为贵。诚者,非自成己而已也②,所以成物也。成己,仁也;成物,知也③。性之德也,合外内之道也,故时措之宜也④。

【注释】
①自成:自我成全,也就是自我完善的意思。
②成己:完善自己。
③知:同"智"。
④时措:适时实施。 宜:适宜。

【译文】
真诚是自我完善的,道是自己运行的。真诚是事物的发端和归宿,没有真诚就没有了事物。因此君子以真诚为贵。不过,真诚并不是自我完善就够了,而是还要完善事物。自我完善是仁,完善事物是智。仁和智是出于本性的德行,是融合自身与外物的准则,所以适时施行才是合宜的。

扩展阅读

合外内之道

郑氏曰①：物，万物也，亦事也。以至诚成己，则仁道立；以至诚成物，则知弥博。此五性之所以为德也②，外内所须而合也。外内，犹上下。时措，言得其时而用也。

（〔南宋〕卫湜《礼记集说》卷一百三十三）

【注释】

①郑氏：郑玄，字康成，北海高密（今山东高密）人，东汉经学大师。
②五性：指仁、义、礼、智、信。

【译文】

郑氏说：物，指万物，也指事。用极其诚恳的态度对自己，仁道就树立了；用极其诚恳的态度对物，知识就会越来越广博。这就是仁义礼智信成为道德的原因，外与内不能分离，必须合一。外内，也指上下。时措，是说得到好时机要实行。

点 评

儒家强调道德自我觉醒。人要真诚，要自觉的行道。真实，从自然的方面来说，是事物的根本规律，是事物的发端和归宿；真诚，从人的方面来说，是自我的内心完善。所以，要修养真诚就必须做到物我同一。这里最值得注意的是真诚的外化问题，也就是说，真诚不仅仅像我们一般所理解的是一种主观内在的品质，自我的道德完善，而是还要外化到他人和一切事物当中去。这叫"合内外之道"。自己真诚了，他人真诚了，真诚无处不在，无时不有，世界也就美好无欺了。自己要真诚的东西最主要的是仁和智两种品德，都是靠诚来发用，因时而措之，天下万物都会停停当当，妥妥帖帖。

第二十六章

这里用天地之道,形容至诚的盛美与生生不息。

故至诚无息①,不息则久,久则征②,征则悠远,悠远则博厚,博厚则高明。博厚,所以载物也③;高明,所以覆物也④;悠久,所以成物也⑤。博厚配地,高明配天,悠久无疆⑥。如此者,不见而章⑦,不动而变,无为而成。

【注释】

①无息:不间断,不休止。
②征:征验,显露于外。
③载物:负载万物。
④覆物:覆盖万物。
⑤成物:成就万物。
⑥无疆:没有尽头。
⑦见(xiàn):同"现",显现。 章:同"彰",彰明。

【译文】

所以,至诚是没有止息的。没有止息就会保持长久,保持长久就会显露出来,显露出来就会悠久长远,悠久长远就会广博深厚,广博深厚就会高大光明。广博深厚能以承载万物,高大光明能以覆盖万物,悠远长久能以成就万物。广博深厚可以与地相配,高大光明可以与天相配,悠远长久则是永无止境。达到这样的境界,不显现也会自然明显,不运动也会自然变化,无所作为也会有所成就。

天地之道,可一言而尽也①:其为物不贰②,则其生物不测③。天地之道,博也,厚也,高也,明也,悠也,久也。今夫天,斯昭昭之多④,及其无穷也,日月星辰系焉,万物覆焉。今夫地,一撮土之多,及其广厚,载华岳而不重⑤,振河海而不泄⑥,万物载焉。 今夫山,一卷石之多⑦,及其广大,草木生之,禽兽居之,宝藏兴焉。今夫水,一勺之多,及其不测⑧,鼋鼍蛟龙鱼鳖生焉⑨,货财殖焉。

【注释】

①一言：即一字，指"诚"字。
②物：指天地。　不贰：只是一个，指只有一个天地。
③物：指万物。　不测：不可测度，指生物之多。
④斯：此。　昭昭：光明。
⑤华岳：即华山。
⑥振：通"整"，整治，引申为约束。
⑦一卷（quán）石：一拳头大的石头。卷，通"拳"。
⑧不测：不可测度，指浩瀚无涯。
⑨鼋（yuán）：大鳖。　鼍（tuó）：扬子鳄。

【译文】

　　天地的法则，可以用一个"诚"字就概括尽了。作为天地没有两个，而它生成万物则是不可计算的。天地的法则，就是广博、深厚、高大、光明、悠远、长久。今天我们所说的天，从小处看只是一点点的光明，可到它无边无际时，日月星辰都靠它维系，世上万物都靠它覆盖。今天我们所说的地，从小处看只是一撮土，可到它广博深厚时，承载像华山那样的崇山峻岭也不觉得重，容纳那众多的江河湖海也不会泄漏，世上万物都由它承载。今天我们所说的山，从小处看只是拳头大的石块，可到它高大无比时，草木在上面生长，禽兽在上面居住，宝藏在里面储藏。今天我们所说的水，从小处看只是一勺之多，可到它浩瀚无涯时，鼋鼍蛟龙鱼鳖等都在里面生长，各种有价值的东西都在里面繁殖。

　　《诗》云①："维天之命，於穆不已②！"盖曰天之所以为天也。"於乎不显③，文王之德之纯！"盖曰文王之所以为文也，纯亦不已。

【注释】

①《诗》云：此诗引自《诗经·周颂·维天之命》。
②於（wū）：语气词。　穆：肃穆。　不已：不停止。
③不：通"丕"，即大。　显：明显。

【译文】

　　《诗经·周颂·维天之命》说："天道的运行，多么肃穆啊，永远不会停止！"这大概就是说的天之所以为天的道理吧。此诗又说："啊！多么显赫光明啊，文王的道德是那样纯正！"这大概就是说的文王之所以被称为文王的道理，他的纯正也是没有止息的。

扩展阅读

纯亦不已

　　程子曰："天道不已①，文王纯于天道，亦不已。纯则无二无杂②，不已则无间断先后。"

（〔南宋〕朱熹《四书集注》）

【注释】

①不已：不停止。
②无二无杂：专一无杂质。

【译文】

　　程子说："天道运行不停止，文王的道德像天道一样纯粹，也是不停止增进。纯粹就是专一无杂质，不停止，就不会间断，不会有先后的区别。"

点 评

　　本章先是说人，尤其圣人。圣人是至诚的，最大的真诚是永远不会间断的。不间断就能持久，内心长久如此，就会发于外，就会久远。长期积累，就会博厚，进到高明境界，从而可以和天地相比，承载万物，覆盖万物。说到底，还是强调由真诚的追求而达到与天地并列为三、从而化成万物的终极目的。其次讲天地。天地生物之道和圣人是一样的，都是真实无妄的。天地也展现了博厚、高明、悠久。所以圣人是和天地同德的。最后引诗颂扬文王的道德是真纯的，发用是不停止的，和天道是相通的。这实际上把人的作用提升了，由被动的适应自然转为主动的配合自然。

第二十七章

前面历数历代圣人,这里把圣人之道作了一个总结。

大哉圣人之道!洋洋乎①!发育万物,峻极于天②。优优大哉③!礼仪三百④,威仪三千⑤,待其人而后行。故曰苟不至德⑥,至道不凝焉⑦。故君子尊德性而道问学⑧,致广大而尽精微⑨,极高明而道中庸⑩。温故而知新,敦厚以崇礼⑪。是故居上不骄,为下不倍⑫。国有道其言足以兴,国无道其默足以容⑬。《诗》曰⑭:"既明且哲⑮,以保其身。"其此之谓与?

【注释】
①洋洋:盛大,浩翰无边。
②峻极:高峻到极点。
③优优:充足宽裕。
④礼仪:古代礼节的主要规则,又称经礼。
⑤威仪:古代典礼中的动作规范及待人接物的礼节,又称曲礼。
⑥苟不至德:如果没有极高的德行。苟,如果。
⑦凝:凝聚,成功。

⑧道：由。　问学：询问，学习。
⑨致：推致。　尽：达到。
⑩极：极致，达到最高点。　高明：指德行的最高境界。道：遵行。
⑪敦：敦厚。
⑫倍：通"背"，背弃，背叛。
⑬默：沉默。　容：容身，指保全自己。
⑭《诗》曰：此诗引自《诗经·大雅·烝民》。
⑮哲：智慧，指通达事理。

【译文】

　　伟大啊，圣人的道！浩瀚无边，生养万物，与天一样崇高；充足而宽裕，大的礼仪有三百项，细的仪节有三千条，这些都有待于有德之人来施行。所以说，如果不具备崇高的德行，就不能凝聚极高的道。因此，君子尊崇道德而又追求学问，既达到广博的地位而又穷尽精微之处，既达到高明的境界而又遵循中庸之道。温习已有的知识从而获得新知识，敦实笃厚而又崇尚礼仪。所以身居高位不骄傲，身居低位不悖逆。国家政治清明时，他的言论足以振兴国家；国家政治黑暗时，他的沉默足以保全自己。《诗经·大雅·烝民》说："既明智又通达事理，可以保全自身。"大概就是说的这个意思吧？

扩展阅读

存心致知

　　尊德性，所以存心而极乎道体之大也。道问学，所以致知而尽乎道体之细也。二者修德凝道之大端也①。不以一毫私意自蔽，不以一毫私欲自累，涵泳乎其所已知，敦笃乎其所已能，此皆存心之属也。析理则不使有毫厘之差，处事则不使有过不及之谬，理义则日知其所未知，节文则日谨其所未谨②，此皆致知之属也。盖非存心无以致知，而存心者又不可以不致知。故此五句③，大小相资，首尾相应，圣贤所示入德之方，莫详于此，学者宜尽心焉。

（〔南宋〕朱熹《四书集注》）

【注释】
① 凝道：聚集道理。
② 节文：节制，修饰。
③ 五句：指第二十七章中"故君子尊德性而道问学"至"敦厚以崇礼"五句。

【译文】
"尊德性"，就能够保存住心中美德把道的本体推向极大处。"道问学"，就是通过格物穷理把握道的本体的各个细节。这二者是修德凝道大的方面。不以一毫私意遮蔽自己，不以一毫私欲拖累自己，涵泳那已知的东西，敦实自己所能做到的，这些都属于保存住心中美德的范围。分析道理则不使有一毫一厘之差，处事则不使有"过与不及"之错谬，理义则日日知道自己所未知的，礼节则日日谨慎自己所未谨慎的，这些都属于格物穷理范围。大体说不保存美德没办法格物穷理，而保存美德又不可以不格物穷理。这五句，大小相资，首尾相应，圣贤教人入德的方法，没有比这更详细的了，学习的人要在这里尽心体会。

点 评

这一章有三个层次。首先盛赞圣人之道，认为它像天一样广博浩瀚，能生养万物，这使人想到《易经》中"天地大德曰生"，圣人之道所以能生养万物，因为其道的核心是仁，有了它，天地万物会在和风细雨中生长。

第二层意思是讲圣人之道必须由有高尚道德的人来承担，礼仪也必须由有高尚道德的人来实行。最高的道和最高的德是相连接的。但成就高尚道德谈何容易，必须加强修养。所以君子应该既尊崇道德而又追求学问，使二者结合起来。道德学问极力达到广博又要尽力穷尽精微之处，有高尚光明的德行而又必须符合中庸的原则，不断温习已有的知识从而获得新知识，敦厚笃实而又崇尚礼仪。做到这样，才能体现至高的圣人之道。朱熹认为，"尊德性而道问学"五句，"大小相资，首尾相应"，最得圣贤精神，要求学者尽心尽意研习。的确这五句也是后儒讨论的重点。

第三层是讲智。人有不同的社会地位，需要做到"居上不骄，为下不倍"，素位而行。世道清明时，政治环境宽松，言论要发挥更大作用，使国家振兴。政治混乱的时候，无法讲话，自然要沉默，要保全自己。孔子说："邦有道，危言危行；邦无道，危行言逊。"（《论语·宪问》）这里和孔子的思想交相辉映。这一思想大概启发了孟子，所以他说"穷则独善其身，达则兼善天下"（《孟子·尽心上》）。最后引用《诗经》，说明只有既明事理而又有智慧的人，才能在进退出处人生仕途周旋中，既不失其道，又能保护其身。当然做到这一点是非常不容易的，需要智慧，重要的是，审时度势，言默自如，不被富贵名声所羁绊。但智者也脱离不了社会环境，所以宋儒说："君子之持身不可变也，至于言有时而不敢尽，以避祸也。然为国者使士言逊，岂不殆哉？"治理国家，使读书人不敢敞开心扉讲话，国家岂不要危殆吗？

第二十八章

前面谈了智、仁、勇、孝等道德规范,这里讲礼乐问题。

子曰:"愚而好自用①,贱而好自专②,生乎今之世,反古之道③。如此者,灾及其身者也。"非天子,不议礼④,不制度⑤,不考文⑥。今天下车同轨,书同文⑦,行同伦⑧。虽有其位,苟无其德,不敢作礼乐焉;虽有其德,苟无其位,亦不敢作礼乐焉。子曰:"吾说夏礼⑨,杞不足征也⑩;吾学殷礼⑪,有宋存焉⑫;吾学周礼⑬,今用之,吾从周⑭。"

【注释】

①自用:自以为是,刚愎自用的意思。
②自专:独断专行。
③反:通"返",回复的意思。
④议礼:议订礼制。
⑤制度:在这里作动词用,指制订法度。
⑥考文:考订规范文字。
⑦书同文:指字体统一。
⑧行同伦:指伦理道德相同。
⑨夏礼:夏朝的礼制。

⑩杞：国名，传说周武王封夏禹的后代于此，故城在今河南杞县。　征：验证。
⑪殷礼：殷朝的礼制。
⑫宋：国名，商汤的后代居此，故城在今河南商丘南。
⑬周礼：周朝的礼制。
⑭以上这段孔子的话也散见于《论语·八佾》《论语·为政》。

【译文】

孔子说："愚昧却喜欢自以为是，卑贱却喜欢独断专行，生于现在却要返回古代道路上去。这样做，灾祸一定会降临到他的身上。"不是天子就不要议订礼制，不要制订法度，不要考订规范文字。现在天下车子的轮距一致，文字的字体统一，伦理道德相同。虽有相应的地位，如果没有相应的德行，是不敢制作礼乐制度的；虽然有相应的德行，如果没有相应的地位，也是不敢制作礼乐制度的。孔子说："我述说夏朝的礼制，夏的后裔杞国已不足以验证它；我学习殷朝的礼制，殷的后裔宋国还残存着它；我学习周朝的礼制，现在还实行着它，所以我遵从周礼。"

扩展阅读

独　断

司礼谓①：非天子不议礼，今以上意行之何为不可？予言非天子不议礼，谓所议者合于礼也。若非礼之礼，岂天子所议？况既谓之议，须合天下之情，非独断也②。

（〔清〕徐乾学《读礼通考》卷二十一）

【注释】

①司礼：指司礼太监，内廷传达皇帝诏令者。
②独断：独自裁决。

【译文】

司礼监说：不是天子不谈论礼制，现在按皇帝旨意实行有何不可？我说：古人说不是天子不谈论礼制，这是说所讨论的礼必须合乎礼制，如果不合乎礼制的礼，难道是天子应当讨论的吗？何况既然说是讨论，必须合乎天下人之情，集纳众议，不是天子自己独断的。

点 评

本章承接上一章发挥"为下不倍"的意思。反对自以为是，独断专行，谈的还是素位而行的问题。

有一点值得特别注意的是，这里所引孔子的话否定了那种"生乎今之世反古之道"的人，这与一般认为孔子主张"克己复礼"的看法似乎有些冲突。其实，孔子所要复的礼，恰好是那种"今用之"的"周礼"，而不是"古之道"的"夏礼"和"殷礼"。因为按孔子的话说，夏礼已不可考证，而殷礼虽然还在它的先世宋国那里残存着，但毕竟不是"当世之法"（朱熹语），也已是过去的了。所以，从本章所引孔子的两段话来看，的确不能随意给他加上复古的帽子。由于大制度的建立，必须要有最高权势地位，还必须有高尚的道德，而孔子有其德而无其位，只能是"从周"而已。但"非天子不议礼"说容易形成独断，所以有徐乾学的说法。

第二十九章

这是讲君子之道要经过各方面验证,才能成为天下法则。

王天下有三重焉①,其寡过矣乎!上焉者②,虽善无征③,无征不信,不信民弗从。下焉者④,虽善不尊⑤,不尊不信,不信民弗从。

【注释】

①王(wàng):作动词用,王天下就是做天下之王,统治天下。 三重:指上一章所说的三件事:议礼、制度、考文。
②上焉者:指夏、商时代的礼制。
③征:验证。
④下焉者:指在下位的人,如孔子。
⑤不尊:没有尊位。

【译文】

　　治理天下能够做好议订礼仪、制订法度、考订文字这三件重大的事,那就很少有过失了吧!夏商的制度虽好,但没有验证,如果没有验证的话,就不能使人信服,不能使人信服,老百姓就不会遵从。像孔子这样身在下位的人,虽然有美德,但没尊贵的地位,没尊贵的地位,也不能使人信服,不能信服,老百姓就不会听从。

故君子之道，本诸身①，征诸庶民，考诸三王而不缪②，建诸天地而不悖③，质诸鬼神而无疑④，百世以俟圣人而不惑⑤。质诸鬼神而无疑，知天也；百世以俟圣人而不惑，知人也。是故君子动而世为天下道⑥，行而世为天下法，言而世为天下则。远之则有望⑦，近之则不厌。

【注释】

①本诸身：本源于自身。
②三王：指夏、商、周三代君王。 缪（miù）：通"谬"，谬误。
③建：立。 悖：违背。
④质：质询，询问。
⑤俟（sì）：待。
⑥道：通"导"，先导。
⑦望：威望。

【译文】

所以君子治理天下应该以自身的德行为根本，并从老百姓那里得到验证。考查夏、商、周三代先王的制度而没有违背的地方，立于天地之间而不悖逆自然，质证于鬼神而没有疑问，等到百世以后圣人出现也不会产生疑惑。质证于鬼神而没有疑问，这是知道天理；等到百世以后圣人出现也不会产生疑惑，这是因为知道人情。因此君子的举动能世世代代为天下的先导，行为能世世代代成为天下的法度，语言能世世代代成为天下的准则。距离君子远的人常有仰望之情，距离君子近的人也没有厌倦之意。

《诗》曰①:"在彼无恶,在此无射②。庶几夙夜③,以永终誉④。"君子未有不如此而蚤有誉于天下者也⑤。

【注释】

①《诗》曰:此诗引自《诗经·周颂·振鹭》。
②射(yì):《诗经》本作"斁",厌弃的意思。
③庶几(jī):几乎。 夙(sù)夜:早晚。
④永:永远。 终:通"众"。 誉:赞誉。
⑤蚤:即"早"。

【译文】

《诗经·周颂·振鹭》说:"在那里没有人憎恶,在这里没有人厌烦。希望日夜操劳啊,使众人永远赞誉。"君子没有不这样做而能够早早在天下获得名望的。

扩展阅读

合德合明

夫大人者,与天地合其德,与日月合其明,与四时合其序,与鬼神合其吉凶,先天而天弗违①,后天而奉天时②。天且弗违,而况于人乎?况于鬼神乎?

(《易·乾卦·文言》)

【注释】

①天弗违:与天道不相背离。
②奉天时:与天的运行规律一致。

【译文】

对于大人物来说,道德与天地是一致的,明察与日月一样明亮,行动如春夏秋冬运转一样有序不乱,吉凶祸福都能像鬼神一样预知,走在天道的前面,符合天道,天道不违背他;走在天道后面,能够遵照天道而行。天道都与他合德,何况人呢?何况鬼神呢?

点 评

这一章承接"居上不骄"的意思而发挥。"三重"指统一的制度,统一的礼节仪式,统一的书写文字。王者重此,就会使"国不异政,家不殊俗",便会减少过失。

"上焉者",朱熹认为是指"时王"以前的夏商之礼,虽然很好,但不可考证,"下焉者"指在下位的圣人如孔子,虽然有美德,但不居尊位,无法做到议礼、制度、考文。而能王天下的人所持之道,必须要本诸自身道德,身体力行,取信于民,还要经得起历史考验,不悖于自然规律,使造化也无疑问,即使圣人再起,也改变不了。做到既知自然规律,又要知社会人生,这样言动都可成为天下的道理、法度、准则,远近都是众望所归,获得天下人的普遍赞誉。

第三十章

这是赞美孔子,提出"万物并育而不相害,道并行而不相悖"命题。

仲尼祖述尧舜①,宪章文武②,上律天时,下袭水土③。辟如天地之无不持载,无不覆帱④,辟如四时之错行⑤,如日月之代明⑥。万物并育而不相害,道并行而不相悖。小德川流,大德敦化⑦。此天地之所以为大也!

【注释】
①祖述:效法、遵循前人的行为或学说。
②宪章:遵从,效法。
③袭:与上文的"律"近义,都是符合的意思。
④覆帱(dào):覆盖。
⑤错行:交错运行,流动不息。
⑥代明:交替光明,循环变化。
⑦敦化:以纯朴化被万物。

【译文】
　　孔子远宗尧、舜之道,近以文王、武王为典范,上遵循天时,下符合地理。就如同天地那样没有什么不承载,没有什么不覆盖。又好像四季的交错运行，日月的交替光明。万物共同生长而互不妨害，道路同时并行而互不冲突。小的德行如河水一样长流不息，大的德行使万物敦厚纯朴。这就是天地所以伟大的原因啊！

扩展阅读

川流敦化

天覆地载，万物并育于其间而不相害；四时日月，错行代明而不相悖。所以不害不悖者，小德之川流；所以并育并行者，大德之敦化。小德者，全体之分；大德者，万殊之本①。川流者，如川之流，脉络分明而往不息也。敦化者，敦厚其化，根本盛大而出无穷也。

（〔南宋〕朱熹《四书集注》）

【注释】

①万殊之本：万种不同事物的根本。

【译文】

　　天覆地载，万物共同发育于其间，而又彼此不相伤害；四时与日月，分别运行照亮而彼此不相悖乱。这些不伤害不悖的小德，就像小河一样分别流淌；能够共同发育共同运行的，是大德的实实在在的化成。小德，是全体的一部分；大德，是万种不同的根本。川流者，像川一样流淌，脉络分明而又向前不止息。敦化，实实在在的化育，基础盛大而发出来无穷无尽。

点 评

　　本文有三个层次。首先从人类历史看孔子。尧、舜和文王、武王都是儒家推崇的榜样。尧、舜仁慈孝友，不以天下为己私，贤者当之；文王、武王除暴安民，以德治天下，天下颂之。他们都有高尚的道德，都是孔子学习的对象，孔子不少思想原则是从他们那里来的。"祖述尧舜，宪章文武"这两句话，成了道统论的雏形，屡被后儒所称道。其次，从自然界来看孔子。自然界最广大的东西莫如天地日月，孔子与天地比肩，与日月同辉。最后，用"万物并育而不相害，道并行而不相悖"来比喻孔子的博大宽容，用"小德川流，大德敦化"来形容万物的多样性与统一性。万物活活脱脱地生长，天地无声无息地化育，这就如同圣人的道德作用。这里是把孔子描绘成中庸之道的典范，从《中庸》本身的结构来看，这也是从理论到实际了。

第三十一章

这里极言至圣之德,含有仁义礼智。

唯天下至圣①,为能聪明睿知②,足以有临也③;宽裕温柔④,足以有容也⑤;发强刚毅⑥,足以有执也⑦;齐庄中正⑧,足以有敬也;文理密察⑨,足以有别也。溥博渊泉⑩,而时出之⑪。溥博如天,渊泉如渊。见而民莫不敬⑫,言而民莫不信,行而民莫不说⑬。是以声名洋溢乎中国,施及蛮貊⑭;舟车所至,人力所通,天之所覆,地之所载,日月所照,霜露所队⑮,凡有血气者,莫不尊亲⑯,故曰配天⑰。

【注释】
①至圣:最高的圣人。
②聪明睿知:耳听敏锐叫聪,目视犀利叫明,思想敏捷叫睿,知识广博叫知,知,通"智"。朱熹认为是讲"生知之质"。
③临:居上而临下。
④宽裕温柔:广大宽舒,温和柔顺。这里是形容仁。
⑤容:包容。

⑥发强刚毅：奋发强劲，刚健坚毅。这里是形容义。

⑦执：决断，固守。

⑧齐庄中正：整齐庄重，公平正直的样子，这里形容礼。

⑨文理密察：文章条理，周详明辨。这里形容智。

⑩溥（pǔ）：周遍。

⑪时出：随时发见于外。朱熹说："言五者之德，充积于中，而以时发见于外也。"

⑫见：同"现"，出现。

⑬说：同"悦"。

⑭蛮貊（mò）：南蛮北貊，古代对边远少数民族的称呼。

⑮队：通"坠"。

⑯尊亲：尊敬亲爱。

⑰配天：与天相匹配。朱熹说："言其德之所及，广大如天也。"

【译文】

　　唯有天下最圣明的人才能既聪明又睿智，能居于上位而治理天下；广大宽舒，温和柔顺，足以包容天下；奋发强劲，刚健坚毅，足以决断大事；整齐庄重，公平正直，足以敬业；文章条理，周详明辨，足以分辨是非。圣人道德广博深沉，随时表现于外，广阔得如同天空，深沉得如同潭水。他出现在民众面前，人们没有不敬重的；他说的话，人们没有不相信的；他的行为，人们没有不喜欢的。因此他的名声洋溢中原之地，传播到南蛮北貊等边远地区。凡是车船能到的地方，人力能通的地方，天所覆盖的地方，地所承载的地方，日月所照临的地方，霜露所降落的地方，凡是有血气的人，没有不尊敬他亲爱他的，所以说，圣人的美德可以与天相配。

扩展阅读

四 德

聪明睿知,生知之质①。临,谓居上而临下也。其下四者②,乃仁义礼知之德。

([南宋]朱熹《四书集注》)

【注释】
①生知之质:生而知之的质体。
②四者:指宽裕温柔、发强刚毅、齐庄中正、文理密察。朱熹认为这是说仁、义、礼、智四德。

【译文】
"聪明睿知",是指有生而知之的质体。"临",是说能居上位而又有统御下面的能力。后面那四项,就是指仁、义、礼、智四德。

点 评

这里讲"至圣",首先讲圣人的内涵,有以下五项:"聪明睿知""宽裕温柔""发强刚毅""齐庄中正""文理密察",都是说圣人的内在品德。根据前文,圣人是生知安行的,所以"聪明睿知"讲圣人是生而知之的,即所谓"生知之质"。"宽裕温柔"是仁的特点,"发强刚毅"和义同,"齐庄中正"同礼,"文理密察"是智,圣人具备仁义礼智四德。其次,用源头奔腾流淌,用天浩瀚无垠,塑造圣人的智慧。最后,极力形容其影响,从种群,到地域,人们都会尊敬他,信任他,亲近他。如朱熹所说"盖极言之","言其德之所及,广大如天也"。

第三十二章

这里是讲至圣诚仁的作用,是中庸释义不倚的依据。

唯天下至诚①,为能经纶天下之大经②,立天下之大本③,知天地之化育。夫焉有所倚④?肫肫其仁⑤!渊渊其渊⑥!浩浩其天⑦!苟不固聪明圣知达天德者⑧,其孰能知之?

【注释】

①至诚:最诚。
②经纶:本意为整理丝缕,引申为治理。 大经:常道,如五伦。
③大本:根本的德行,如仁义礼智等。
④倚:依傍。
⑤肫肫(zhūn):诚恳的样子。
⑥渊渊:静深的样子。
⑦浩浩:广大的样子。
⑧固:实在。 达天德者:通晓天赋美德的人。

【译文】

唯有天下最诚的人,才能掌握治理天下的大纲,树立天下的根本道德,知晓天地化育万物的道理。除了至诚还有什么可依傍的呢?至诚的人,他的仁德是那样的诚恳,他的思想像潭水一样深沉,他化育万物的胸襟像蓝天一样广阔!假如不是确实具有聪明睿智通达天德的人,又有谁能够知道这个道理呢?

扩展阅读

岂有所倚

惟圣人之德极诚无妄,故于人伦各尽其当然之实,而皆可以为天下后世法,所谓经纶之也。其于所性之全体①,无一毫人欲之伪以杂之,而天下之道千变万化皆由此出,所谓立之也。其于天地之化育,则亦其极诚无妄者有默契焉,非但闻见之知而已②。此皆至诚无妄,自然之功用,夫岂有所倚著于物而后能哉!

([南宋]朱熹《四书集注》)

【注释】

①所性之全体:性的全部。
②闻见之知:靠听和看得到的知识。

【译文】

只有圣人的道德是极诚无妄的,所以于人伦关系中都是达到了人间应尽的实实在在的责任,而这些都可以为天下后世效法,这就是经纶的意思。至于对自己所含仁义礼智之性的全德,不以一毫人欲之伪以杂乱它,而天下之道千变万化都是由这里发出,这就是立的意思。对于天地之化育,也是以极其诚实无妄的态度与其默契,不只是靠闻见之知而已。这都是至诚无妄,都是自然之功用,哪里会有所倚著于物而后能得到的呢!

点 评

　　此章还是讲"至圣"。至圣必须是至诚的。"大经",指五伦,即五种人际关系;"大本",指性之全体,如仁等,这二者都需要高度的诚实,只有圣人才能做到。"大经"理顺了,"大本"立起来了,"大本"的核心——仁也十分笃实,像渊一样深静,像浩天一样广博,这样崇高的道德自然会独自挺立,无须依托任何东西。这样的道理,只有已达到和天同德的圣人才能了解它。全篇极力形容至圣和道的同一。

第三十三章

这篇是引用《诗经》证明君子之道的特点及治世作用。

《诗》曰①："衣锦尚䌹②。"恶其文之著也③。故君子之道，暗然而日章④；小人之道，的然而日亡⑤。君子之道，淡而不厌，简而文，温而理，知远之近，知风之自，知微之显，可与入德矣⑥。《诗》云⑦："潜虽伏矣，亦孔之昭⑧！"故君子内省不疚⑨，无恶于志⑩。君子之所不可及者，其唯人之所不见乎？《诗》云⑪："相在尔室⑫，尚不愧于屋漏⑬。"故君子不动而敬，不言而信。《诗》曰⑭："奏假无言⑮，时靡有争⑯。"是故君子不赏而民劝，不怒而民威于铁钺⑰。《诗》曰⑱："不显惟德⑲，百辟其刑之⑳。"是故君子笃恭而天下平。《诗》云㉑："予怀明德㉒，不大声以色㉓。"子曰："声色之于以化民，末也。"《诗》曰㉔："德輶如毛㉕。"毛犹有伦㉖。"上天之载，无声无臭㉗。"至矣！

【注释】

①《诗》曰:此诗引自《诗经·卫风·硕人》。

②衣(yì):穿衣,此处作动词用。 锦:指色彩鲜艳的衣服。
  尚:加。 䌹(jiǒng):用麻布制的罩衣。

③恶(wù):嫌恶,厌恶。 著:鲜明,耀眼。

④暗然:隐藏不露。 日章:日渐彰显。章,通"彰"。

⑤的(dì)然:鲜明,显著。

⑥入德:进入道德之门。

⑦《诗》云:此诗引自《诗经·小雅·正月》。

⑧孔:很。 昭:明白。

⑨内省不疚:内心经常反省,没有什么愧疚。

⑩无恶于志:无愧于心。志,心。

⑪《诗》云:此诗引自《诗经·大雅·抑》。

⑫相:注视。 尔室:你的居室,此指一人独居于室。

⑬不愧于屋漏:指心地光明,不在暗中做坏事、起坏念头。屋

漏,指室内西北角。

⑭《诗》曰:此诗引自《诗经·商颂·烈祖》。

⑮奏假无言:在心中默默祈祷。奏假,祈祷。无言,没有说话。

⑯靡(mí):没有。

⑰铁(fū)钺(yuè):古代执行军法时用的斧子。

⑱《诗》曰:此诗引自《诗经·周颂·烈文》。

⑲不显:即大显。不,通"丕",大。

⑳百辟(bì):很多诸侯。 刑:通"型",仿效。

㉑《诗》云:此诗引自《诗经·大雅·皇矣》。

㉒怀:归向,趋向。 明德:具有美德的人。

㉓以:与。 色:严厉的脸色。

㉔《诗》曰:此诗引自《诗经·大雅·烝民》。

㉕辅(yóu):轻。

㉖伦:比。

㉗上天之载,无声无臭(xiù):引自《诗经·大雅·文王》。臭,气味。

【译文】

　　《诗经·卫风·硕人》说:"身穿锦绣衣服,外面再穿一件麻布罩衫。"这是厌恶锦衣的花纹过分显著。所以,君子之道表面暗淡而日益彰明;小人之道外表鲜明而日益消亡。君子之道,平淡而让人不厌,简略而有文采,温和而有条理,知道远是由近处开始的,知道风是从何处吹来的,知道隐微可以变得明显,这样,就可以进入有道德的境界了。《诗经·小雅·正月》说:"虽然潜伏在水底,但也被看得清清楚楚。"所以君子自我反省没有内疚,也就无愧于心了。君子的德行之所以高于一般人,大概就是在这些别人看不见的地方吧?《诗经·大雅·抑》说:"看你独自在室内的时候,是不是能做到无愧于心。"所以,君子在未行动之前就怀有恭敬之心，在没说话之前就先有诚信之心。《诗经·商颂·烈祖》说："祭祀时心中默默祈祷，此时肃穆无言没有争执。"所以，君子不用赏赐而百姓也会互相劝勉，不用发怒而百姓畏惧甚于斧钺的刑罚。《诗经·周颂·烈文》说："大大弘扬天子的德行，诸侯们都会来效法。"所以，君子笃实恭敬就能使天下太平。《诗经·大雅·皇矣》说："我怀念文王的美德，他从不厉声厉色。"孔子说："用厉声厉色去教育老百姓，那是末节下策。"《诗经·大雅·烝民》说："德行轻如鸿毛。"轻如鸿毛还是有行迹可比。《诗经·大雅·文王》又说："上天化生万物，既没有声音也没有气味。"这才是最高的境界啊！

扩展阅读

一篇之要

因前章极致之言，反求其本，复自下学为己谨独之事而言之[1]，以驯致乎笃恭而天下平之盛[2]。又赞其妙，至于无声无臭而后已焉。盖举一篇之要而约言之，其反复丁宁示人之意[3]，至深切矣，学者其可不尽心乎！

（〔南宋〕朱熹《四书集注》）

【注释】
[1] 下学：从事具体学习。　为己：儒家称自己是为己之学，即完善自己道德的学说。
[2] 笃恭：真诚恭敬。
[3] 丁宁：同"叮咛"。

【译文】
　　这是因前章天道圣人极高的言论，反过来求其本根，又从具体学习的人为自己慎独之事而言之，以达到真诚恭敬而天下平之盛。又赞其神妙功用，达到"无声无臭"境界而后已。这是撮取一篇之要领而简练说的，其反复叮咛告人之意，实在是深切啊，学习者怎么可以不尽心呢！

点 评

此篇由前面圣人之道的高远广博回归于君子之道，使人联想前面的"君子之道，辟如行远必自迩，辟如登高必自卑"，为学者开出一条入德之路。

首先把君子和小人划清界限，君子之道，开始并不辉煌，但在积累中日见光辉。小人则不同，开始很张扬，但华而不实，会渐渐消亡。君子外表平淡、简朴、温和，内则有品位、文采、条理。由于有丰富的内涵，由内向外，由近及远，由微细到彰显，其影响力是无穷的。但君子必须加强自己的修养，何时何地都无愧于心，都要慎独。

具有高尚道德的君子，不用赏赐，不用刑法暴力，民众自然会努力。道德治国，牢牢守着德行，恭恭敬敬地做事，天下也就太平了。德治如春风化雨，润物无声。高声厉色，斧钺相加，虽不可缺，但却是末流做法。最好的德治如诗所形容的那样，像羽毛落地一样，使人毫无察觉。不过羽毛还有形迹，不如另一首诗说得好："无声无臭。"声色和气味都不见了，谁也看不见听不到嗅不出，可是谁也离它不开。这种境界，犹如和风细雨，沁人心脾而入人肺腑，使人在潜移默化中受到感化。这大概就是圣人的境界了。

孝 经

前　言

　　《孝经》是中国古代儒家伦理学经典性的著作,它在中国历史上发生过长期、深刻与广泛的影响。谙熟《孝经》,可以深入窥测中国文化的底蕴。弘扬并重新阐释《孝经》中有生命力的东西,不仅会使家庭彼此关爱,也会增进社会的和谐与稳定。

　　在漫长的社会历史进程中,《孝经》曾经引起社会广泛关注,忠孝观念,成为古代社会的核心价值。两千多年来,从帝王到百姓,人人诵习,尊崇有加。早在战国时期,子夏之弟子魏文侯就著《孝经》传,后来在《吕氏春秋》和《孔子家语》中,就引用《孝经》文句。西汉时,汉文帝设置《孝经》博士。汉武帝时,今文、古文《孝经》同时重新出世。汉昭帝时,诏令举贤良文学,治《孝经》。宣帝时,诏令郡县乡学皆置《孝经》经师,《孝经》成了普及课本。东汉光武帝时,下令儒生和虎贲士都要学习《孝经》。汉代一些经学大师纷纷传授或注释《孝经》,如今文就有长孙氏、江翁、翼奉、后苍、张禹、郑众、郑玄等,所说各自名家。古文则有孔安国、马融等为之注释。魏王肃、苏林、何晏、刘劭、吴韦昭、谢万、徐整,也为之作注。晋袁宏、虞槃佑也诠释《孝经》,东晋晋元帝有《孝经传》,晋孝武帝有《孝经讲义》,学者杨泓、殷仲文、车胤、孙氏、庾氏、荀昶、孔光、何承天、释慧琳,也注释今文《孝经》。北魏孝文帝还让人把《孝经》译成本民族语言,称之为《国语孝经》。齐学者王玄载、明僧绍,也诠释今文。梁皇侃撰《义疏》,梁武帝作《讲疏》,学者贺瑒、严植之、刘贞、简明山、宾咸都参与了《孝经》注释。史家称《孝经》"自西汉及魏,历晋、宋、齐、梁,注解之者迨及百家",大概是可信的。

　　隋朝在隋文帝开皇间,多集群儒论列,并为《孝经》作正义。

参与者，有蔡大宝、巢猗、费甝、顾彪等，隋代古文《孝经》失而复得，经学家刘炫、刘绰为之作义疏。至唐朝，唐太宗称赞皇太子读《孝经》。《经典释文》作者陆德明首次为《孝经》注音。开元十年，唐玄宗亲自注解《孝经》，天宝二年又重注，天宝四年刻石立于太学，颁行于天下。到宋代，宋太宗亲书《孝经》赐给大臣李至，说"千文无足取，若有资于教化，莫《孝经》若也"。真宗时，诏令邢昺为唐玄宗御注《孝经》作疏，称《孝经义疏》。后世推此注疏为权威注本。宋仁宗庆历、嘉祐间，《孝经》再次刻石。后来司马光、范祖禹为《孝经》作《指解》或《说》。特别是南宋朱熹，作《孝经刊误》，影响很大。元世祖时，规定凡读书必先读《孝经》。元代学者董鼎撰《孝经大义》。到明代，《孝经》仍为必读经典，明太祖称《孝经》是"帝王治天下之大经大法"。明代学者项霦撰《孝经述注》，黄道周撰《孝经集传》。清代，顺治皇帝曾亲注《孝经》。康熙时，刊刻"满汉合璧"《孝经》。雍正时，又刊行《钦定翻译孝经》《孝经集注》等。乾隆时，宫廷画家金廷标绘《孝经图》，乾隆亲自题记，并书写《孝经》全文，与图相配合。咸丰时，科举考试也要加试《孝经》。

正是由于历代统治者的提倡，众多学者们的普遍关注，使《孝经》在中国历史上，具有其他典籍无可比拟的特殊地位。

诚然，这也同《孝经》的内容有关联。孔子说："夫孝，天之经也，地之义也，民之行也。"这是说孝道是根据自然规律而产生的人伦法则，因而孝道是人最为宝贵的品德。孝道又是人人都可以做到的，"自天子至于庶人，孝无终始，而患不及者，未之有也"。因而《孝经》规定了君王、诸侯、卿大夫、士人以及普通百姓应遵循的孝行。国君做到孝，就会爱亲敬亲，不敢厌恶傲慢别人的父母，以此教化百姓，就会成为天下人的典范。诸侯遵守孝道，就能不骄不危，谨慎守法，然后能长守富贵，保社稷，和其民。卿大夫遵守孝道，就不会说错话，做错事，能保其禄位和宗庙。士人遵守孝道，就能保其爵禄，守其祭祀。普通百姓遵守孝道，就不会做悖逆之事。从而做到家人和睦亲爱，父母得到赡养，一家其乐融融。孔子又说:"夫孝,始于事亲,中于事君,终于立身。"这里讲了孝的三个层次。可见遵循孝道,对己、对家、对国都有益处。对父母做到孝,还可以"移孝于忠",即忠于皇帝,忠于朝廷。做到"悌",即尊敬听从兄长的话,还可以"移顺于长",即服从长上的命令。遵从孝道,家治理好了,理家的经验还可以用于为官。为官建功立业,还可以显亲扬名。孔子说:"君子之事亲孝,故忠可移于君;事兄悌,故顺可移于长;居家理,故治可移于官。是以行成于内,而名立于后世矣。"

那么什么叫孝,孝道的基本内涵有哪些呢?所谓孝,是指一种基于血缘的人伦关系伦理,是子女对生养自己父母的感恩与回报。它有两个层面,一个是物质层面,就是子女有义务奉养老人,这是一种回报。还有精神层面,而《孝经》特别突出精神层面。它极力强调一种博爱、广敬之道,就是要爱亲敬亲,并且做到荣亲。因此孝子必须谨慎修身,不损伤身体,不触犯刑律,从而让父母安心。必须效忠国家,事业有成,扬名后世,让父母荣光,有尊严。

《孝经》不仅要求人爱敬自己的双亲和兄长,还要在此基础上,把它推广到社会,以便做到"老吾老,以及人之老",从而使整个社会长幼有序,爱意融融。从而达到社会稳定的目的。

《孝经》在弘扬孝道的方法上,也值得关注。它的基本精神是强调孝的普遍性,涉及各个阶层,而且突出上层的型范作用,并不是强力推行。但对不孝行为,并不纵容,而且要有刑罚惩治。但惩治只是辅助手段。应该承认,《孝经》有移孝为忠、推悌敬长的精神,但绝不强调盲目服从个人,而是服从道理,所以就有了谏诤的精神,谏诤精神的前提是承认君主、上级、父母都会有缺失,犯错误,所以才有从下至上的谏诤,从而体现儒家的以道为贵的精神和相互责任的人际观,避免了毫无是非的愚忠愚孝。

但是孝道在中国传统社会后期,的确强调过头了,而且在宗法社会里,自然会被等级观念所固化,所以后来一旦平等观念出现,就开始迅速进入家庭,具有慈爱、尊重、平等内涵的新的家庭观就产生了。

《孝经》作者佚名。关于作者,历代有各种说法,有说孔子,有说曾子,有说曾子后学,也有说是后人伪造的。根据内容,整部《孝经》基本是孔子和曾子的谈话录,但记录整理者,可能是曾子后学。

《孝经》编著的时代大概是战国早期,有几个版本值得注意:一个是今文本,据说是汉武帝时河间献王所献;一个是古文本,是鲁恭王从孔子宅壁中发现的,是用蝌蚪文字抄写的。对这两个本子学者纷争不已,但今文本略占上风。到宋代朱熹又作了一个刊误本,它"取古文《孝经》,分为经一章,传十四章,删旧文二百二十三字"。这个本子对后来影响很大。至清代,既消解了今古文之争,又出现了发难朱熹改本的现象。但基本上是比较客观地看待各种本子。

本书以今文本作底本,也参考了古文本和朱熹改本,译注简明,力求准确,"扩展阅读"选择了历代《孝经》注疏相关内容,加以注译,目的是使读者加深理解。点评简要,力求画龙点睛。阅读本书,可了解《孝经》的精髓,也可以得到一些流传及重新诠释方面的知识。本书缺失难免,敬企指正。

开宗明义章第一

这是开篇,揭示了《孝经》宗旨。

【名句】

身体发肤,受之父母,不敢毁伤。

仲尼居①,曾子侍②。子曰:"先王有至德要道③,以顺天下④,民用和睦⑤,上下无怨。汝知之乎⑥?"曾子避席曰⑦:"参不敏⑧,何足以知之!"子曰:"夫孝,德之本也,教之所由生也。复坐⑨,吾语汝⑩。身体发肤⑪,受之父母,不敢毁伤,孝之始也。立身行道⑫,扬名于后世,以显父母,孝之终也。夫孝,始于事亲,中于事君,终于立身。《大雅》云:'无念尔祖,聿修厥德⑬。'"

【注释】

①仲尼:孔子的字。
②曾子:名参,字子舆。孔子弟子。 侍:陪伴。
③先王:古代帝王。 至:最高。 要:重要,关键。
④顺:古文《孝经》作"训",孔安国注:"训,教也。"按此译文当是"以此教化天下"。而历代注释多解"顺"为"顺从天下民心",译文从之。
⑤用:因此。
⑥汝:你。

⑦避席：古代席地而坐，长者问，要离开席位，起立回答，表示尊敬。
⑧不敏：谦辞，不聪明。
⑨复：再。
⑩语：告诉。
⑪发：头发。　肤：皮肤。代指身体每个细小部位。
⑫立身行道：修养道德，推行道义。
⑬《大雅》云：语出《诗经·大雅·文王》。　无念：不念。尔：你，你的。　祖：祖先，指文王。　聿（yù）：句首语气词。　修厥德：发扬光大文王的美德。厥，其。

【译文】

　　孔子在家里闲坐，曾参在旁边陪坐。孔子说："从前的圣王有一种最高的道德，根本性的道理，以此顺从天下民心，让人民和睦，上上下下都不会相互怨恨。你知道这是什么吗？"曾子离开座位站起来，恭敬地回答说："我不太聪敏，怎么能够知道这样深奥的道理呢？"孔子说："这就是孝道，孝是德行的根本，所有的道德教化都是由此产生的。你还是回到原位坐下吧，我来告诉你。一个人的身体发肤，都是父母给的，所以不敢让身体受到任何损毁和伤残，这就是孝道的开始。一个人道德上要站得住，始终实践和弘扬正道，他的人格魅力和践行真理的行为，自然会永远流传，父母的声名也会因儿女的德望显耀起来，这便是孝道的终点。孝道一开始，是恭敬地侍奉双亲，中间要忠诚地侍奉君王，最后，自己的身体和道德，没有缺欠，也没有遗憾，这便是立身，这才是孝道的完满。《大雅》说：'怎能不追念你祖先的德行？修持自己的德行来继承光大他的美德呢！'"

扩展阅读

人之本

有子曰①:"其为人也孝弟,而好犯上者,鲜矣;不好犯上,而好作乱者②,未之有也。君子务本,本立而道生。孝弟也者,其为仁之本与?"

(《论语·学而》)

【注释】

①有子:名若,孔子弟子。
②作乱:朱熹认为,指悖逆争斗之事。

【译文】

有子说:"一个人孝顺父母又敬爱兄长,而喜欢触犯上级,这样的人是很少的。不喜好触犯上级,而喜好悖逆争斗,这种人是没有的。君子专心致力于根本性的东西,根本确立了,治国做人的原则也就建立了。孝顺父母、敬爱兄长,这就是仁的根本啊!"

点 评

　　这章是说明孝道的重要性。它是至德要道,是道德的基础,孝道的作用不仅会使民众和睦,而且会使天下和顺。"和"是儒家追求的治国最高境界,因此治国就要在这个基础上实施教化。就个体而言,践行孝道最基本的是保护好自己的身体,不要触犯法律,伤残肢体,遭受侮辱,因这是父母最担心的事。其次要有高尚的道德,实践道义,使自己名声流传于后世,让父母获得荣耀。孝道要在事亲、事君中体现出来,但最根本的是立身,就是要让自己道德与功业完满,从而继承和发扬祖辈的美德。全章体现了以德治国的思想。

天子章第二

这是讲最高统治者应当推行博爱、广敬之道,用爱敬亲人的方法对百姓施行德教。

【名句】

爱敬尽于事亲,而德教加于百姓,刑于四海。

子曰:"爱亲者,不敢恶于人①;敬亲者,不敢慢于人②。爱敬尽于事亲,而德教加于百姓③,刑于四海④,盖天子之孝也。《甫刑》云:'一人有庆,兆民赖之⑤。'"

【注释】

①恶(wù):憎恶。旧注说这是讲博爱。
②慢:傲慢。旧注说这是讲广敬。
③德教:道德教化。 加:施。
④刑:通"型",典范。也指法则。
⑤《甫刑》:即《尚书·吕刑》篇。 一人:指天子。 庆:善。 兆民:指万民,万亿为兆,极言数之多。 赖:利。

【译文】

孔子说:"爱自己父母的人,就不敢厌恶他人,必然博爱。恭敬自己父母的人,就不敢对他人傲慢,必然广敬。君主能竭尽对父母的敬爱，把这种道德教化施行到百姓身上，成为天下人的法则，这就是天子的孝道啊。《甫刑》说：'君主有善行，百姓都受益。'"

扩展阅读

爱人人亦爱之

司马光曰①："爱恭人者，惧辱亲也。然爱人，人亦爱之；恭人，人亦恭之。人爱之则莫不亲，人恭之则莫不服。以天子而行此道，则德教可以加于百姓，刑于四海矣②。"

（〔北宋〕司马光、范祖禹等《孝经指解》）

【注释】
①司马光：字君实，北宋陕州夏县涑水乡人，著名政治家、史学家。
②刑：通"型"，示范。

【译文】
　　司马光说："喜欢尊敬别人的人，惧怕别人侮辱他的亲人。如果你爱别人，别人也会爱你；你尊敬别人，别人也会尊敬你。人们爱你就没有不亲近你的，人们尊敬你就没有不佩服你的。作为天子能遵行此道，他的道德教化就可以施行到百姓身上，就可以成为天下的榜样。"

点 评

教化不能强制，必须自上而下推行。君主要有敬与爱的精神，做出表率，用自己的风范彰显孝道。有了敬亲、爱人的精神，就不会仇视他人与傲慢待人，上行下效，天下受益。

诸侯章第三

这是讲诸侯的孝道。基本原则是谨慎不骄,遵守法度,节俭不浪费。

【名句】

在上不骄,高而不危;制节谨度,满而不溢。

在上不骄,高而不危;制节谨度①,满而不溢②。高而不危,所以长守贵也;满而不溢,所以长守富也。富贵不离其身,然后能保其社稷③,而和其民人,盖诸侯之孝也。《诗》云:"战战兢兢,如临深渊,如履薄冰④。"

【注释】

①制节:费用节俭。　谨度:谨慎合乎法度。
②满:指财用充足。　不溢:不奢侈浪费。
③社稷:指国家。
④《诗》:指《诗经》。此语出自《诗经·小雅·小旻》。
　战战:恐惧貌。　兢兢:谨慎貌。　如临深渊:如同站在悬崖边上,唯恐坠落。临,来到。　如履薄冰:如同踩在薄冰之上,唯恐陷溺。履,踩,踏。

【译文】

　　身居高位而不骄傲，处于高位也不会有危险；俭省节约，谨守法度，财富充裕也不会奢侈浪费。处高位而没有危险，就能长久保持尊贵的地位；财富充裕也不奢侈浪费，就能长久保持住财富。能保持富贵不离其身，然后能保住自己的国家，使民众和睦相处，这就是诸侯的孝道啊。《诗经》说："战战兢兢，小心谨慎，如同身临深渊，如同脚踩薄冰。"

扩展阅读

骄必危，盈必覆

　　范祖禹曰①："在上位而不骄，故虽高而不危；制节而能约，谨度而不过，故虽满而不溢。贵者易骄，骄则必危；富者易盈，盈则必覆。故圣人戒之。贵而不骄，则能保其贵矣；富而不奢，则能保其富矣。国君不可以失其位，惟勤于德，则富贵不离其身，故能保其社稷和其民人。所受于天子，先君者也。能保之则为孝矣。"

（〔北宋〕司马光、范祖禹等《孝经指解》）

【注释】

①范祖禹：字淳甫，一字梦得，成都华阳人。北宋史学家。

【译文】

　　范祖禹说："在上位的人不骄纵，即使地位高也不危险；节俭而能约束自己，谨慎有度而不过分，即使财物丰裕也不会奢侈浪费。贵者容易骄傲，骄傲则必危险；富者容易满足，满足则必倾覆。所以圣人警告我们。贵而不骄，就能保住高位；富而不奢，就能保住富贵。国君不想失掉其位，惟有努力增益道德，这样富贵就会不离其身，就能保住天下和其民众。你所接受的天子的地位，是先辈给予的，能保住这个地位就是孝了。"

点 评

诸侯有独立的封国,地位很高,极易骄奢,骄就会傲君犯法,奢就会浪费国贫,自然会招致败家亡国之患,这就是对先辈的不孝。这里不仅是对诸侯孝道的规范,而且是对诸侯世袭条件的要求。

卿大夫章第四

这是讲卿与大夫的孝道。强调等级与言论。

【名句】

言满天下无口过,行满天下无怨恶。

非先王之法服不敢服①,非先王之法言不敢道②,非先王之德行不敢行。是故非法不言,非道不行,口无择言,身无择行,言满天下无口过,行满天下无怨恶。三者备矣,然后能守其宗庙,盖卿、大夫之孝也。《诗》云:"夙夜匪懈,以事一人③。"

【注释】

①法服:古代按照礼法规定制定的服装。
②法言:合乎礼法的言论。
③《诗》云:此句出自《诗经·大雅·烝民》。原诗是颂扬周宣王卿士仲山甫功德的。 夙:早。 匪懈:不懈怠。 一人:指周天子。

【译文】

　　不合乎先王礼法的衣服不敢穿,不合乎先王礼法的言论不敢说，不合乎先王规定的道德行为不敢做。因此，不符合礼法的话不说，不符合道德的事不做，这样说话时不需要再仔细斟酌，行动时不需要再仔细考虑，即使言论传遍天下也没有过错，行事遍于天下也不会招来怨恨。这三点都做到了，然后能守住自己的宗庙，这就是卿、大夫的孝道啊。《诗经》说："从早到晚毫不懈怠，尽心竭力以侍奉天子。"

扩展阅读

言行动天地

范祖禹曰："欲言行无可择者，正心而已矣。心正则无不正之言、不善之行。言日出于口，皆正也；行日出于身，皆善也。虽满天下而无口过怨恶①，则可谓孝矣。"

（〔北宋〕司马光、范祖禹等《孝经指解》）

【注释】

①怨恶：被抱怨憎恶。

【译文】

范祖禹说："想要言行无须选择就可言可行，只有端正自己的心罢了。心正了则无不正的言论、不善的行为。言论每天出于口，都是正确的；行为每天出于身，都是美善的。言论行为虽满天下而没有过失，也没有被怨恨憎恶，就可以称为孝了。"

点 评

　　卿和大夫是天子或诸侯的辅佐官吏,地位很高。他们的服饰必须合乎礼度,不得僭越。言论、行为必须合乎规范,不能因错误的言论和行为招致过失和怨恨,以便示范人群,起导引作用。这样才能守住职位,守住祖先宗庙。这既是孝道,又是从政的规范。其特点是教化以德示人,不强加于人。

士章第五

这是讲初级官吏——士的孝道。强调忠顺不失。

【名句】

以孝事君则忠,以敬事长则顺。

资于事父以事母而爱同①,资于事父以事君而敬同。故母取其爱,而君取其敬,兼之者父也②。故以孝事君则忠,以敬事长则顺。忠顺不失,以事其上,然后能保其禄位,而守其祭祀,盖士之孝也。《诗》云:"夙兴夜寐,无忝尔所生③。"

【注释】

① 资:凭借,依托,按照。
② 兼:同时具备。
③《诗》云:语出《诗经·小雅·小宛》。 夙兴:早晨起来。 寐:睡。 忝(tiǎn):辱。 尔所生:生你的人,指父母。

【译文】

按照侍奉父亲的态度来侍奉母亲,爱心是相同的;按照侍奉父亲的态度来侍奉君王,尊敬是相同的。所以侍奉母亲取的是亲爱之心,而侍奉君王取的是尊敬之心,侍奉父亲则爱敬兼而有之。所以以孝道侍奉君王则会忠诚,以尊敬之心侍奉上级则会顺从。忠诚和顺从都能做到,以此来侍奉君王和上级,就能保住其俸禄和职位,而守住对祖先的祭祀,这就是士人的孝道啊!《诗经》说:"早起晚睡,努力工作,不要有辱生育你的父母。"

扩展阅读

顺谓循理

忠谓尽心无隐,顺谓循理无违也①。

([元]吴澄《孝经定本》)

【注释】
①循理:按理做事。

【译文】
　　忠是说凡事要尽心无隐私,顺是说遵循道理做事而不背离道理。

点 评

　　士在周代是初级官吏,有上中下三级,其位次于大夫。这里强调把家庭的爱敬之道推移到事君、事上之中,从而导出忠顺的道德,作者认为这是保持禄位的原则。这里虽说有一定的道理,但不足的是没有提出忠顺的前提,孔子讲的是相互责任的人际关系,孟子提出"妾妇之道",反对不坚持原则的一味顺从。所以后人提出顺要"循理无违",强调按理行事。

庶人章第六

这是讲平民的孝道。强调勤劳节俭,谨慎修德,供养父母。并对五孝做出一个结语。

【名句】

孝无终始,而患不及者,未之有也。

用天之道①,分地之利②,谨身节用,以养父母,此庶人之孝也。故自天子至于庶人,孝无终始,而患不及者,未之有也。

【注释】

①天之道:指季节寒暑变化等自然规律。
②地之利:指利用土地所获取的利益。

【译文】

利用上天季节变化的自然规律,分别取用土地所产生的利益,小心谨慎,节省用度,以养父母,这就是普通人的孝道。所以从天子以至于普通百姓,孝道是无终无始的,而担心自己做不到、做不来,那是不会有的事。

扩展阅读

谨身节用

道谓四时之行，因天之生长收藏，而耕耘敛获各顺其时，用天道也。利谓五土之宜①，因地之沃衍隰皋，而稻粱黍稷各随所宜，分地利也。生财有道，而又慎谨其身，不为非僻②，不犯刑戮，用财有节，量入为出，以给父母之衣食，俾无阙供也③。

（〔元〕吴澄《孝经定本》）

【注释】
①五土：指山林、川泽、丘陵、水边平地、低洼地。
②非僻（pì）：邪恶。
③俾（bǐ）：使。 阙：同"缺"。

【译文】
"道"是说四时运转，因天之时使作物生长及收藏，而耕耘收获各顺其时令，这就是利用天道。"利"是说利用山林、川泽、丘陵、水边平地、低洼地等土地特性，因地之平坦肥沃、岸边湿地特性，而种植稻子、谷子、糜子、黄米，让它们得到适合的土壤，这就是分地之利。生财有道，而又能行为慎谨，不为邪恶，不触犯刑戮，用财有节，量入为出，以供给父母衣食，使父母供养无缺。

点 评

百姓的孝就是过好平常的日子，勤劳有序的耕作，获得丰收；约束自己，不犯刑律，不让父母忧心；节俭不铺张，保证父母供养，让父母安心而又幸福。这样的孝道，从高层到基层，都是能够做到的。

三才章第七

三才指天地人。这一章赞美孝道的广大及其本源,更进一步说明教化的内涵。

【名句】

夫孝,天之经也,地之义也,民之行也。

曾子曰:"甚哉,孝之大也!"子曰:"夫孝,天之经也①,地之义也②,民之行也③。天地之经,而民是则之。则天之明,因地之利,以顺天下。是以其教不肃而成,其政不严而治。先王见教之可以化民也,是故先之以博爱,而民莫遗其亲;陈之以德义,而民兴行;先之以敬让,而民不争;导之以礼乐,而民和睦;示之以好恶,而民知禁。《诗》云:'赫赫师尹,民具尔瞻④。'"

【注释】

①天之经:指孝道是上天永恒不变的道理。经,常,规律。
②地之义:指孝道是地上永远遵循的原则。义,或作"谊",指道理和原则。
③民之行:指孝道是人最根本最重要的品行。
④《诗》云:语出《诗经·小雅·节南山》。 赫赫:声威

显赫。　师尹：太师尹氏。太师是周王朝的首辅。　民具尔瞻：民众都在看着你。具，通"俱"。瞻，仰望。

【译文】

　　曾子说："太了不起了，孝道太伟大了！"孔子说："孝道，犹如天的四时运行常规，地的生长万物原理，是民众应遵循的行为。天地的常规原理，是民众永恒不变的法则。效法上天日月星辰运行的规律，凭借地上山川湖泽物产的便利，因势利导治理天下。因此，对民众的教化不采用严肃的手段就能成功，对民众的管理不采用严厉的办法就能治理。先代的圣王看到通过教育可以感化民众，因此先实行博爱，民众就没有遗弃自己双亲的；再向民众讲述德义，而民众就会主动遵行德义；在上者首先遵行敬让之道，民众就不会互相争斗；用礼乐引导民众，民众就会和睦相处；向民众表示出好恶的标准，民众就知道哪些是应禁止的。《诗经》说：'威严显赫的太师尹氏啊，民众都在仰望着你呢！'"

扩展阅读

天经地义人行

　　孝本天地之常经，而人于是取则焉①。则者法也，天地之经，常久而不变，人之取则于天地，亦常久而不易。其于众人之中，又有圣人者出，法天道之明，因地道之义，以此顺天下爱亲敬长之心而治之。是以其为教也，不待戒肃而自成②；其为政也，不假威严而自治。

（〔元〕董鼎《孝经大义》）

【注释】
①取则：取法。
②戒肃：惩治肃清。

【译文】
　　孝道本于天地运行的规律，而人于此取为法则。则就是法，天地的规律，常久而不变，人取法于天地，也是常久而不变的。在众人之中，又有圣人出现，圣人效法天道之明，遵循地道之义，以此顺应天下爱亲敬长之心而进行治理。因此他们的教化方式，不需要惩戒肃杀而自成；治理国家的方法，不借威严的手段而自治。

点 评

　　前人指出，开头八句是因袭《左传》昭公二十八年子太叔回答赵简子问礼引子产语。只是改"礼"字为"孝"字，改"利"字为"性"字。经是常，义是理，行是德行，孝道是像天一样光明，像地一样养育万物。以此为教化，无需整肃，而天下成治。所以博爱、德义、敬让、礼乐、好恶，都可以导致敬亲、和睦、不争、知禁。

孝治章第八

这章是说治天下、治国、治家要得到各个阶层及宗族的欢心。

【名句】

是以天下和平,灾害不生,祸乱不作。

子曰:"昔者明王之以孝治天下也,不敢遗小国之臣①,而况于公、侯、伯、子、男乎②?故得万国之欢心③,以事其先王④。治国者不敢侮于鳏寡⑤,而况于士民乎?故得百姓之欢心,以事其先君⑥。治家者不敢失于臣妾⑦,而况于妻子乎?故得人之欢心,以事其亲。夫然,故生则亲安之,祭则鬼享之,是以天下和平,灾害不生,祸乱不作。故明王之以孝治天下也如此。《诗》云:'有觉德行,四国顺之⑧。'"

【注释】

①遗:遗漏,疏忽。 小国之臣:小国派来的使臣。
②公、侯、伯、子、男:周朝分封诸侯的五等爵位。
③万国:指天下的诸侯国。

④先王：指明王已去世的父祖。
⑤鳏（guān）：指老而无妻者。　寡：指老而无夫者。
⑥先君：指诸侯已故的父祖。
⑦治家者：指卿、大夫。家是卿、大夫受封的采邑。　臣妾：奴隶。男的称臣，女的称妾。
⑧《诗》云：语出《诗经·大雅·抑》。　有觉德行：君子德行正直。　四国顺之：诸侯都能顺从。

【译文】

　　孔子说："从前圣明的君王以孝道治理天下，推其爱敬之心以爱敬他人，不敢遗忘疏忽小国的使臣，何况是对公、侯、伯、子、男这样的诸侯呢！所以能得到各诸侯国的欢心，以这样的治绩侍奉其先王。治理封国的诸侯不敢对鳏夫和寡妇有所不敬，何况对于士人和平民呢？所以能得到百姓的欢心，他们以这样的治绩侍奉其先君。治理采邑的卿、大夫不敢对奴婢僮仆有所不敬，何况对于妻子儿女呢？所以能得到民众的欢心，他们也以这样的治绩来侍奉其双亲。正因为这样，先人生时则相亲相爱安乐欢愉，去世以后，也能安享后人的祭祀。因此天下和平，灾害不生，祸乱不作。从这里可以知道历代圣明的君王以孝治天下国家的效果是怎样的高明了。《诗经》说：'天子有正直的德行，四方之国无不归顺。'"

扩展阅读

天下和平

上下行孝，爱敬交通①，天下和平，人和神说②，故妖孽不生，祸乱不起也。

（〔西汉〕孔安国《古文孝经孔氏传》）

【注释】

①交通：交流通畅。

②说：通"悦"。

【译文】

上下都讲究行孝，彼此爱敬交接通好，天下和和平平，人际和谐，神也愉悦，所以不会产生妖孽，也不会有祸乱发生。

点 评

以孝治理天下、国家、家族，能得万国、百姓、个人之欢心。人们欢愉，天下和平，父母安宁，灾害不生，祸乱不作。达到了治国的理想境地。

圣治章第九

这一章是讲圣人之德以孝为最大。孝的核心是敬和爱,作用是政通人和。

【名句】

天地之性,人为贵。人之行,莫大于孝。

曾子曰:"敢问圣人之德,无以加于孝乎?"子曰:"天地之性,人为贵。人之行,莫大于孝。孝莫大于严父,严父莫大于配天①,则周公其人也②。昔者周公郊祀后稷以配天③,宗祀文王于明堂以配上帝④,是以四海之内,各以其职来祭。夫圣人之德,又何以加于孝乎?故亲生之膝下,以养父母日严⑤。圣人因严以教敬,因亲以教爱。圣人之教,不肃而成,其政不严而治,其所因者本也。父子之道,天性也,君臣之义也。父母生之,续莫大焉⑥;君亲临之,厚莫重焉⑦。故不爱其亲而爱他人者,谓之悖德⑧;不敬其亲而敬他人者,谓之悖礼。以顺则逆⑨,民无则焉,不在于善,而皆在于凶德,虽得之,君子不贵也。君子则不然,言思可道,行思可乐,德义可尊,作事可法,容止可观,进退可度,以临其民。是以其民畏而爱之,则而象之,故能成其德教,而行其政令。《诗》云:'淑人君子,其仪不忒⑩。'"

【注释】
①配天:周代礼制,每年冬至到郊外祭天,同时祭祀自己的祖先,称为"配祀"或"配享"。
②周公:即周公旦,他是文王之子,武王之弟,成王之叔。曾协助武王灭商,辅佐成王。被儒家尊为圣人。
③后稷:名弃,周人始祖,教民农耕稼穑,帝尧命他为农师,号后稷。
④宗祀:宗族聚而祭祀。 文王:姓姬名昌,周武王的父亲,殷时诸侯,曾被纣囚于羑里,被释后成为诸侯之长,称"西伯"。 明堂:古代帝王宣明政教的地方。凡举行朝会、祭祀、庆赏、选士等大典,均在此举行。
⑤日严:日益尊敬。
⑥续:继先承后,代代相传。
⑦厚莫重焉:指父亲对于儿子,既有父亲的亲情,又有为父的尊严,在人伦关系中,厚重莫过于此。
⑧悖(bèi)德:违背道德。
⑨以顺则逆:顺,一本作"训",译文从之。
⑩《诗》云:语出《诗经·曹风·鸤鸠》。 淑:美好,善良。 仪:仪表,仪容。 不忒:没有差错。

【译文】
　　曾子说:"请问圣人的德行中,没有大过于孝道的吗?"孔子回答说:"天地之间的生物,只有人最为尊贵。人的品行中,没有比孝更加重要的了。孝行之中,没有比尊敬父亲更加重要的了。尊敬父亲,没有比在祭天时以父祖先辈配祀更加重要的了，那么周公就是能做到这些的人。从前周公在郊外祭天时，以周的始祖后稷配祀天帝。建立宗庙，祭祀上帝于明堂，以其父文王配享。因此海内的诸侯，各按照其官职来助祭。圣人的德行，又有哪一种能大过孝道呢？儿女亲爱父母之心，是在父母膝下玩耍之时就产生出来的，父母把他养育长大，他便对父母日益尊敬起来。圣人就因他对父母日加尊敬的心理，教以敬的道理，因他对父母亲爱的心理，教以爱的道理。因此圣人之教，不待肃戒而自会成功；圣人之政，不待严厉而自会治理。他所凭借的就是人生固有的本性。父子之爱，是天生的，父如严君，也包含着君臣之义。父母生下儿子，为祖宗接续后代，使家族继续绵延的事至为重大。父对于子，有严君和慈父两重恩爱，所以恩爱之厚莫重于此。因此不爱自己的父母而去爱别人，那就叫悖德；不敬自己的父母而去敬别人，那就叫悖礼。爱亲敬亲是顺道而行的善行，不爱不敬是逆道而行的凶德。立教的人，如果用悖德悖礼教化天下，民将怎样取法呢？如果不站在善行上去做，反而站在恶的凶德方面去行，即使一时得志，君子也不以为贵重。君子却不是那样，他讲出话来，必定考虑可以使人称道他才讲；他行出事来，必定考虑可以快慰人心他才行。他所具有的道德品行，要考虑到受人尊敬。他所做的每一件事，要考虑到为人取法。他的容貌和举止可以让人观看，动静进退，都合乎礼仪法度。照这样来统领民众，那民众自然敬畏他，爱戴他，以之为模范而仿效他。所以能够顺利地完成其德教，政令不待严格督促就能推行。《诗经》说：'善人君子，其容貌举止，毫无差失。'"

🎋 扩展阅读 🎋

爱敬之心人皆有之

范祖禹曰:"孩提之童无不知爱其亲者①,故循其本而言之。亲爱之心,生于膝下,此其生知之良心。亲既长矣,则知养父母而日加敬矣,此亦其自然之良心也。圣人非能强人以为善,顺其性使明于善而已矣。爱敬之心,人皆有之,故因其有严而教之敬,因其有亲而教之爱,此所以教不肃而成②,政不严而治,其治同者,因于人之天性故也。"

（〔北宋〕司马光、范祖禹等《孝经指解》）

【注释】

①孩提之童：尚在襁褓中的幼儿。
②不肃而成：不整肃而成功。

【译文】

范祖禹说："孩提之童没有不知爱他双亲的，这是循其本源而说的。孩子爱亲之心，生于孩提时候，这是生而知之的良心。父母年长了，又知道赡养父母而更加孝敬，这也是自然而然的良心。圣人不能强人以为善，是顺其本性使人知道善罢了。爱敬之心，人皆有之，所以因其有尊敬之心教以敬的精神，因其有亲爱之心而教以爱的精神，这就是教化不待严格监督就能推行，政治不靠严厉督促而能治理的原因，其治理相同的地方，是根据人的天性而制定的。"

点 评

朱熹认为，"以顺则逆"以下，是杂取《左传》所载季文子、北宫文子之言，与上文不相应。说的有道理。可分别参阅《左传》文公十八年、襄公三十一年。本章突出了孝的核心内容：爱与敬。

纪孝行章第十

这一章讲的是平素的孝行,包括居、养、病、丧、祭五项,并提出孝子应避免的行为。

【名句】

事亲者,居上不骄,为下不乱,在丑不争。

子曰:"孝子之事亲也,居则致其敬,养则致其乐,病则致其忧,丧则致其哀,祭则致其严。五者备矣,然后能事亲。事亲者,居上不骄,为下不乱,在丑不争①。居上而骄则亡,为下而乱则刑,在丑而争则兵。三者不除,虽日用三牲之养②,犹为不孝也。"

【注释】

①在丑:处于低贱地位。 不争:不争斗。
②三牲:指牛、羊、猪。三牲之养,形容对父母的奉养极为丰盛。

【译文】

孔子说:"孝子在侍奉自己的双亲时,平居无事时,要尽其敬谨之心;在奉养的时候,要尽其和乐之心;在父母有病时，要尽其忧虑之情；父母不幸病故，要极尽哀戚之情；父母去世举行祭祀，要尽其庄严肃敬之心。以上五者都做到了，才算是能侍奉双亲。能竭尽孝心侍奉双亲的人，如身居高位，不骄傲恣肆；如为人臣下，不犯上作乱；如身处卑贱，不与人争斗。身居高位而骄傲恣肆就会灭亡，为人臣下而犯上作乱就会遭受刑戮，地位卑贱而争斗不休则会被兵器伤残。这三种行为不除，虽然天天用牛、羊、猪三牲的美味奉养双亲，那也是不孝。"

扩展阅读

除骄乱

居上而骄，为下而乱……虽日致太牢之养①，固非孝也者。言奉养虽优，不除骄乱及争竞之事，使亲常忧，故非孝也。

（唐明皇注、〔北宋〕邢昺疏《孝经注疏》）

【注释】

① 太牢之养：太牢，盛牲的食器叫牢，大的叫太牢。太牢盛牛、羊、豕三牲，后又把宴会祭祀时三牲叫太牢。这里是泛指奉养的丰盛。

【译文】

居上位而骄纵，在下位而倾乱……虽每天用丰盛的食物来奉养双亲，也不是孝的行为。这是说奉养虽优裕，不除骄乱及争斗之事，使双亲常常忧虑，还是不孝。

点 评

　　孝敬父母，尊敬是第一位的事，赡养时要让父母衣食无缺，省心快乐，要经常关心父母的疾病，父母故去，要从内心感到悲伤，也要祭奠父母，永志不忘。同时要避免祸乱，不让父母为自己担忧。这些都是精神层面的东西。总之，孝子就是让父母受到尊重，感到安心、欢心。

五刑章第十一

前面都是讲教化，需要正面引导，这章是讲对不孝的行为要用刑罚。

【名句】

五刑之属三千，而罪莫大于不孝。

子曰："五刑之属三千①，而罪莫大于不孝。要君者②，无上；非圣人者③，无法；非孝者，无亲，此大乱之道也。"

【注释】

①五刑之属三千：指应当处以五种刑罚的罪有三千条。五刑，指墨刑，额上刺字，涂以墨色。劓（yì）刑，割鼻。剕（fèi）刑，断足。宫刑，破坏生殖机能的酷刑，又称腐刑。大辟，死刑。
②要君：要挟、威胁君王。
③非圣人：非难反对圣人。

【译文】

孔子说："应当处以五种刑罚的罪，有三千条，最严重的罪就是不孝。威胁逼迫君上的人，是目中无君王；非难反对圣人的人，是无法无天；讥笑非难有孝心的人，就是目无父母，这是造成大乱的根源。"

扩展阅读

格 言

此一节因上文"不孝"之云而系于此,乃传之八章①,亦格言也。

([南宋]朱熹《孝经刊误》)

【注释】
①传之八章:朱熹在《孝经刊误》中,把《孝经》分成经、传两部分。

【译文】
此一节因上文"不孝"之说,而连缀于此,乃传之第八章,也是有价值的格言。

点 评

前一章提出了骄则亡,乱则刑,争则兵这三种不孝行为,说明教化不是万能的,仍会有不孝的行为。这里说对不孝的行为要处以刑罚,体现了引导为主,惩治为辅,德刑并重的思想。

广要道章第十二

这是就首章所讲的"要道"二字,加以扩展说明。使人知道孝、悌、礼、乐的价值。

【名句】

礼者,敬而已矣。

子曰:"教民亲爱,莫善于孝;教民礼顺,莫善于悌①;移风易俗,莫善于乐;安上治民,莫善于礼。礼者,敬而已矣。故敬其父则子悦,敬其兄则弟悦,敬其君则臣悦,敬一人而千万人悦。所敬者寡,而悦者众,此之谓要道也。"

【注释】

①悌(tì):敬爱兄长。

【译文】

孔子说:"教育民众相亲相爱,没有比孝道更好的了;教育民众按礼而行,没有比悌道更好的了;改变旧习俗,树立新风尚,没有比音乐更好的了;让国家安定,民众治理,没有比礼教更好的了。所谓'礼',就是'敬'而已。因此,尊敬他的父亲,他的儿子就会高兴;尊敬他的兄长,他的弟弟就会高兴;尊敬他的君王,他的臣子就会高兴。尊敬一个人，而千万人高兴。所尊敬的人是少数，而感到高兴的人却众多，所以称孝道为'要道'。"

扩展阅读

要 道

天下国家本于身，身本于亲，事亲孝则九族睦而四海准①。故立爱自亲始，立敬自长始。达之天下，各亲其亲，各长其长，而天下平。守约而施博，迩可远，在兹故曰要道也②。

（［清］蒋赫德《御定孝经注》）

【注释】

①九族：有不同说法，一说父族四，母族三，妻族二。一说从己算起，上至高祖，下至玄孙。
②兹：此。

【译文】

天下国家立本于人，人立本于父母，侍奉父母孝顺，就会九族和睦而四海平静。所以立爱从爱亲人开始，立敬从尊敬长辈开始。将此推行至天下，使人们各亲其亲，各长其长，天下就太平了。操持简约而施行广博，从近至远，在此所以称为要道。

点 评

儒家的教化方法是由近及远，由亲及疏，守约而施博，用孝悌维系家庭亲爱恭敬，用礼乐保持恭敬、有序、快乐，然后由一家推及到千万家。

广至德章第十三

这章是把首章提出的"至德"加以推广说明。突出一个"敬"字。

【名句】

君子之教以孝也,非家至而日见之也。

子曰:"君子之教以孝也,非家至而日见之也①。教以孝,所以敬天下之为人父者也;教以悌,所以敬天下之为人兄者也;教以臣,所以敬天下之为人君者也。《诗》云:'恺悌君子,民之父母②。'非至德,其孰能顺民如此其大者乎?"

【注释】

①家至:挨家挨户走到。 日见:天天见面。
②《诗》云:语出《诗经·大雅·泂酌》。 恺悌:和乐安详,平易近人。

【译文】

孔子说:"君子以孝道教育民众,并不是挨家挨户当面去教人行孝。教以孝道,是为了让天下为人父的都受到尊敬;教以悌道,是为了让天下为人兄的都受到尊敬;教以臣道,是为了让天下做君王的都受到尊敬。《诗经》说:'和乐平易的君子,是民众的父母。'如果不是孝道这样至高无上的道德,谁能顺民心到这种伟大的程度呢?"

扩展阅读

顺民与治民

范祖禹曰:"父母之于子,未有不爱而教之,乐而安之也。至之极也,圣人无以加焉。故曰顺民,而不曰治民。孝者,民之秉彝①,先王使民率性而行之,顺其天理而已矣,故不曰治。"

([北宋]司马光、范祖禹等《孝经指解》)

【注释】

①秉彝:执守天的常道。

【译文】

范祖禹说:"父母对于子女,没有不爱而教育他的,让他快乐而使他平安。这种爱达到极点,就是圣人也不能再增加了。所以称作顺民,而不说治民。孝道,是民所执守的常道,先王使民按着人的自然之性而行,顺其天理罢了,所以才不说治理。"

点 评

用孝悌治天下,就会敬亲、敬长、敬君,一个"敬"字,使天下和顺,这是德治的结果。

广扬名章第十四

这章是把首章遵守至德要道达到扬名显亲的道理加以推广阐述。

【名句】

是以行成于内,而名立于后世矣。

子曰:"君子之事亲孝,故忠可移于君;事兄悌,故顺可移于长;居家理①,故治可移于官。是以行成于内②,而名立于后世矣。"

【注释】
①居家理:把家务事管理好。
②内:指家内。

【译文】
孔子说:"君子侍奉父母能尽孝道,就能够将对父母的孝心移为对君王的忠心;对兄长能够敬爱,就能够将对兄长的敬爱移为对官长的顺从。家庭管理得有条有理,就能够把理家的经验移于做官。因此在家内养成美好的品德,而美名将永远留传于后世。"

扩展阅读

德之本

范祖禹曰:"君者父道也,长者兄道也,国者家道也。以事父之心而事君则忠矣,以事兄之心而事长则顺矣,以正家之礼而正国则治矣①。"

([北宋]司马光、范祖禹等《孝经指解》)

【注释】

①正家:治理家庭。

【译文】

范祖禹说:"待君之道和事父之道相通,待长上之道和事兄之道相通，治理国家之道和持家之道相通。以事父之心来事君则忠诚，以事兄之心来事长则和顺，以治家之礼来正国则国家就会得到治理。"

点　评

治家和治国是一个道理，关键在于善于推移。《孝经》不回避扬名，这是一个特点。

谏诤章第十五

这章是讲为君为臣为子为友应遵循的原则,对君亲友的过错应该谏诤,以免陷君、亲、友于不义。

【名句】

士有争友,则身不离于令名;父有争子,则身不陷于不义。

曾子曰:"若夫慈爱、恭敬、安亲、扬名,则闻命矣!敢问子从父之令,可谓孝乎?"子曰:"是何言与!是何言与!昔者天子有争臣七人①,虽无道,不失其天下;诸侯有争臣五人,虽无道,不失其国;大夫有争臣三人,虽无道,不失其家。士有争友,则身不离于令名②;父有争子,则身不陷于不义。故当不义,则子不可以不争于父,臣不可以不争于君,故当不义则争之。从父之令,又焉得为孝乎?"

【注释】
①争臣:敢于直言劝谏的臣子。
②令名:好名声。令,美,好。

【译文】

　　曾子又问："对于慈爱、恭敬、安亲、扬名等等，已听过老师的教诲了，我还想请教的是：作为人子，一切都听从父亲的命令，是不是可以算作孝呢？"孔子说："这是什么话呢！这是什么话呢！从前，天子身边有七位直言敢谏的大臣，天子虽然无道，也不至于失去天下；诸侯身边有五位直言敢谏的大臣，虽然无道，也不至于失去其国；大夫有三位直言敢谏的家臣，虽然无道，也不至于失去其采邑。士有直言敢谏的朋友，他自身就会保有美好的名声；父亲有直言敢谏的儿子，他就不会陷于不义。所以当遇到不义的行为时，儿子不可以不劝谏父亲，臣子不可以不劝谏君王，遇到不义的事就要劝谏。一切都听从父亲的命令，哪里算得上孝呢？"

扩展阅读

不可苟顺而不诤

　　曾子本以从父之令为问，夫子又推而广之，自天子至于庶人，为臣子者见君父之过，皆不可以苟顺而不谏诤①。

（〔元〕董鼎《孝经大义》）

【注释】

①苟顺：苟且顺从。

【译文】

　　曾子本来是以服从父命的事来向孔子请教的，孔子又推而广之，告诉曾子，自天子至于普通百姓，为臣、为子的，见君王、父亲有过失，都不可以苟且顺从而不谏诤。

点 评

人无完人,从天子至平民,都可能有缺失有错误,做出不合道义的事。如果不及时改正,很可能造成严重后果,所以提出规劝说。而规劝者,除朋友一轮外,都是以下劝上,这是说上下间是有原则的,不是一味苟且顺从,这实际是对尊者的一种制约。

感应章第十六

这章是说帝王遵循孝道的作用感动天下,通于神明。

【名句】

孝悌之至,通于神明,光于四海,无所不通。

子曰:"昔者明王事父孝,故事天明①;事母孝,故事地察②;长幼顺,故上下治;天地明察,神明彰矣③。故虽天子,必有尊也,言有父也;必有先也,言有兄也。宗庙致敬,不忘亲也;修身慎行,恐辱先也;宗庙致敬,鬼神著矣。孝悌之至,通于神明,光于四海,无所不通。《诗》云:'自西自东,自南自北,无思不服④。'"

【注释】
① 事天明:指孝子以侍奉父亲之心侍奉上天,上天也能明察孝子之心。
② 事地察:指孝子以侍奉母亲之心侍奉大地,大地也能明察孝子之心。
③ 神明:天地神灵。 彰:彰显。
④《诗》云:语出《诗经·大雅·文王有声》。 无思不服:没有不归顺服从的。思,语气词。

【译文】

　　孔子说:"从前圣明的君王侍奉父亲孝顺,以此侍奉上天,上天就明了孝子之心;侍奉母亲孝顺,以此侍奉大地,大地也明了孝子之心。因此长幼和顺,上下都会协调;天地明了孝子的孝心,就会显现神灵。虽然贵为天子,必定还有让他尊敬的人,那就是他父辈;必定还有长于他的人,那就是他的兄长。在宗庙举行祭祀,表示不忘记亲人;修持道德,谨慎行事,这是害怕自己出现过错,有辱先人。在宗庙祭祀向先人致敬,先祖的神灵就会显现。孝道悌道做到尽善尽美,就可以与神明相通,光显于四海,没有一个地方不能达到。《诗经》说:'从西到东,从南到北,没有不归服顺从的。'"

扩展阅读

父事天母事地

　　王者父事天,母事地。能追孝其父母,则事天地不失其道;不失其道,则天地之精爽明察矣①。

(〔西汉〕孔安国《古文孝经孔氏传》)

【注释】

①精爽:魂灵。

【译文】

　　王者侍奉天如同侍奉父亲,侍奉地如同侍奉母亲。能追孝其父母,则侍奉天地不失其道;不失其道,则天地神灵就会明察到。

点 评

　　古人认为天是父,地是母,爱敬父母,天地鬼神都会知道。所以孝悌是无所不通的,无所不至的。感应是相互的,有感必有应,天人合一。

事君章第十七

这章是说明首章"中于事君"的原则。

【名句】

将顺其美，匡救其恶，故上下能相亲也。

子曰："君子之事上也，进思尽忠①，退思补过②，将顺其美③，匡救其恶④，故上下能相亲也。《诗》云：'心乎爱矣！遐不谓矣！中心藏之，何日忘之⑤？'"

【注释】

①进思尽忠：尽己之忠心以进献于君。进，上朝见君。一说以尽忠为进。
②退思补过：内修己心以补君愆失。退，退朝回家。一说以补过为退。
③将顺其美：顺从、执行君王美好正确的政令。
④匡救其恶：匡正补救君王的过失。
⑤《诗》云：语出《诗经·小雅·隰桑》。这是怀念有德君子的诗。意思是说，尽管心中爱他，但因相隔遥远，无法告知，只能把深情藏在心中，何日何时能忘记呢？

【译文】

孔子说:"君子侍奉君王,在朝廷就想着尽忠竭力,回到家里还要检讨自己,有什么更好的意见来补救君王的过失。对君王正确的政令就遵照执行,对君王的错误和过失就加以匡正补救。因此上上下下能相亲相爱。《诗经》说:'心中是那么的爱他,但相隔太远不能当面表达。此情深藏心底,何日能够忘记?'"

扩展阅读

尽忠补过

此一节释"中于事君"之意,当为传之九章,因上章争臣而误属于此。"进思尽忠,退思补过",亦《左传》所载士贞子语[1]。然于文理无害,引《诗》亦足以发明移孝事君之意。

([南宋]朱熹《孝经刊误》)

【注释】

[1]《左传》:见宣公十二年。 士贞子:《左传》中人名,晋康公之后。

【译文】

此一节解释"中于事君"的意思,应当为传的第九章。因上章讲争臣的事而误连属于此。"进思尽忠,退思补过",是《左传》所记载的士贞子的话。但对本文的理解没有妨害,所引《诗经》文字也足以阐发移孝事君之意。

点 评

本章告诉人们,对于君王,尽忠与补过是并行的,顺是顺其美,有恶则当匡救,是《谏诤篇》的补充。

丧亲章第十八

这章是讲丧事和祭祀,提出许多原则。

【名句】

生事爱敬,死事哀戚。

子曰:"孝子之丧亲也,哭不偯①,礼无容②,言不文③。服美不安,闻乐不乐,食旨不甘,此哀戚之情也。三日而食④,教民无以死伤生;毁不灭性⑤,此圣人之政也。丧不过三年⑥,示民有终也。为之棺椁衣衾而举之⑦,陈其簠簋而哀戚之⑧。擗踊哭泣⑨,哀以送之。卜其宅兆⑩,而安措之⑪。为之宗庙,以鬼享之。春秋祭祀,以时思之。生事爱敬,死事哀戚,生民之本尽矣,死生之义备矣,孝子之事亲终矣。"

【注释】

①哭不偯(yǐ):指哭声悲痛欲绝。不偯,哭声随气息而止,不拖声拖调。偯,哭的尾声。

②礼无容:在丧中,孝子行为举止不讲究仪容姿态。

③言不文:说话也不必注意文辞修饰。

④三日而食:丧礼规定,亲丧后,孝子三日之内不进食,三天

后可食粥。
⑤毁不灭性：因哀痛而使身体消瘦，损害了健康，但不能危及生命。
⑥丧不过三年：古代规定了为父母守丧三年的期限。
⑦棺椁：古代棺木有两重，内为棺，外为椁。　衣衾：装殓用的衣服被褥。
⑧陈其簠簋（fǔ guǐ）：丧礼规定，从父母去世到入葬，死者身边都要供奉食物。簠簋，盛放食物的两种器皿。
⑨擗（pǐ）：捶胸而哭。　踊：顿足而哭。
⑩卜其宅兆：用占卜的办法选择安葬地。
⑪安措：安置，将棺椁安放到墓穴中。

【译文】

　　孔子说："孝子的父母去世了，哭得要气竭力衰，行为举止不暇讲究礼节，说话不再考虑措辞文雅。穿漂亮的衣服心也不安，听悦耳的音乐也不觉快乐，吃美味的食物也不觉香甜，这都是因为哀戚的缘故。父母去世后，孝子三日后就要吃饭，这是教民不要因死者而伤害生者；虽因哀戚过度而有伤身体，但不能危及生命，这是圣人的政令。守丧之礼不超过三年，这是教民行孝有一个终了的期限。安葬父母之日，备好内棺外椁、衣服被褥，把遗体装殓好。在灵堂前陈设方圆祭器，供献祭品。女子拊心痛哭，男子顿足号泣，悲痛万分地来送殡。用占卜的方法选择好陵园和墓穴，妥善地加以安葬。既葬之后，建立家庙或宗祠，使亲人灵魂有享祭的处所。春秋四季，按照时令举行祭祀，以表达自己的哀思。父母在世时，以爱敬之心孝敬父母；父母去世后，以哀戚之情料理后事。这样，人生的根本大事就算尽到了，养生送死的礼仪也都完备了，孝子事亲之道也就完成了。

扩展阅读

孝者生民之本

司马光曰:"人之情莫不爱其亲,爱之笃者莫若父子。故圣人因天之性,顺人之情,而利导之。教父以慈,教子以孝,使幼者得长,老者得养,死者得藏。是以民不夭折弃捐而咸遂其生①,日以繁息而莫能伤。不然,民无爪牙羽毛以自卫,其殄灭也必为物先矣②。故孝者生民之本也。"

([北宋]司马光、范祖禹等《孝经指解》)

【注释】

①弃捐：离世，死亡。　咸：都。
②殄（tiǎn）灭：灭绝。

【译文】

　　司马光说："人之情没有不爱其亲人的，爱之深没有比父子更深的。所以圣人因天之性，顺人之情，而引导之。教父亲对儿子要慈爱，教儿子对父亲要孝敬，使幼者得以成长，老者得到赡养，死者得到安葬。所以人如果不是因为夭折而离开人世，都能遂其生存愿望，日以繁息而没有什么能伤害他。不这样，民没有爪牙羽毛以自卫，其毁灭必先于其他生物了。所以说，孝是生民之根本。"

点 评

　　父母活着，要尽爱敬之道；去世，要尽哀戚之情。这就是完整的孝道。但不要以死伤生，要做到毁不灭性，即使身体有所毁伤，也不要危及生命，这样才能保证人类繁衍，生生不息。所以说"孝者生民之本"。